Manuel Jentsch

Eigenfertigung oder Fremdbezug?

Manuel Jentsch

Eigenfertigung oder Fremdbezug?

Herangehensweise an die Make-or-Buy-Fragestellung in der Praxis

VDM Verlag Dr. Müller

Impressum/Imprint (nur für Deutschland/ only for Germany)
Bibliografische Information der Deutschen Nationalbibliothek: Die Deutsche Nationalbibliothek verzeichnet diese Publikation in der Deutschen Nationalbibliografie; detaillierte bibliografische Daten sind im Internet über http://dnb.d-nb.de abrufbar.

Coverbild: www.ingimage.com

Verlag: VDM Verlag Dr. Müller GmbH & Co. KG
Dudweiler Landstr. 99, 66123 Saarbrücken, Deutschland
Telefon +49 681 9100-698, Telefax +49 681 9100-988
Email: info@vdm-verlag.de

Herstellung in Deutschland:
Schaltungsdienst Lange o.H.G., Berlin
Books on Demand GmbH, Norderstedt
Reha GmbH, Saarbrücken
Amazon Distribution GmbH, Leipzig
ISBN: 978-3-639-29865-9

Imprint (only for USA, GB)
Bibliographic information published by the Deutsche Nationalbibliothek: The Deutsche Nationalbibliothek lists this publication in the Deutsche Nationalbibliografie; detailed bibliographic data are available in the Internet at http://dnb.d-nb.de.

Cover image: www.ingimage.com

Publisher: VDM Verlag Dr. Müller GmbH & Co. KG
Dudweiler Landstr. 99, 66123 Saarbrücken, Germany
Phone +49 681 9100-698, Fax +49 681 9100-988
Email: info@vdm-publishing.com

Printed in the U.S.A.
Printed in the U.K. by (see last page)
ISBN: 978-3-639-29865-9

Strategische Entscheidung über Eigenfertigung oder Fremdbezug von Halbfertigteilen in der mechanischen Fertigung

DANKE

Mein Dank gilt neben meiner Familie allen, die mich bei der Entstehung dieser Arbeit unterstützt haben, insbesondere Herrn Prof. Dr. rer. pol. P. Eberle sowie Herrn Ullrich Reichert für die fachliche und wissenschaftliche Begleitung.

Inhaltsübersicht

I. Inhaltsverzeichnis

Seite

II. Abbildungsverzeichnis

Seite

III. Formelverzeichnis

Seite

IV. Abkürzungs- und Symbolverzeichnis

sR	-	strategische Relevanz
tkt.	-	transaktionskostentheoretische (Auslagerbarrieren)
Fa.	-	Firma
PPS	-	Produktionsplanungs- und Steuerungssystem
EK-Teile	-	Einkaufteile
NPA	-	Nullperiodenanteil
SP	-	Störpegel
MRP	-	Material Requirement Planning
AK	-	Anschaffungskosten
WBW	-	Wiederbeschaffungswert
Stk.	-	Stück
kalk.	-	kalkulatorisch
BEP	-	Break-Even-Point
Ø	-	Durchschnittswert

1. Einleitung

Das Unternehmen JEMA ist einer der weltweit führenden Anbieter mechanischer Bauelemente. Das Produktspektrum der JEMA GmbH reicht von Standardmechanik-Komponenten aus dem Bereich der Antriebstechnik über Wartungsgeräte und Sensoren bis hin zu kundenspezifischen Systemlösungen. Als wesentlicher Anwendungsbereich im Industriesektor ist hier die Automatisierungs- und Prozesstechnik zu nennen.

Die Abteilung Metallzuschnitt

Die Abteilung Metallzuschnitt gliedert sich organisatorisch in den Bereich der mechanischen Fertigung ein. Das Team der Sägerei ist in einem Zwei-Schicht-System organisiert und setzt sich aus zwei Fach- sowie einem Leiharbeiter zusammen. Neben der Bedienung der Sägemaschinen sind die Mitarbeiter dieses Bereiches auch für die gesamte Wareneingangs- und Lagerlogistik der Abteilung zuständig.
Der Maschinenpark der Sägerei besteht primär aus einer halbautomatischen Kreissäge für Aluminiumzuschnitte sowie einer halbautomatischen Bandsäge für eine zusätzliche Bearbeitung von Edelstählen. Bedingt durch das Alter von 29 Jahren kommt es zu einer hohen Störanfälligkeit der Kreissäge. Es muss oft in den Ablauf eingegriffen werden. Der Bandsägeautomat kann bei einem Alter von 4 Jahren in halbautomatischem Betrieb nahezu ohne Eingriffe betrieben werden. Beide Anlagen müssen über ein Magazin manuell mit Rohteilen beladen werden. Aus den Stangenprofilen werden die Halbfertigteile bzw. Sägeabschnitte gefertigt (vgl. Anlage 1). Der Abgriff der Teile erfolgt ebenfalls per Hand durch einen Mitarbeiter der Abteilung. Bedingt durch die hohe Schnittgeschwindigkeit und Störanfälligkeit der Kreissäge ist der Mitarbeiter mit einem großen Zeitanteil an diese Maschine gebunden. Zur Abteilung gehören neben dem Maschinenpark selbst, ein Stangenlager sowie ein Wareneingangsbereich und verschiedene Pufferzonen. Die Lagerbereiche werden je nach Lagerabgang und Profilabmessungen gegliedert. Sägeabschnitte aus Stangenmaterial werden entsprechend der nachfolgenden Bearbeitungsstation auf Pufferflächen in der mechanischen Fertigung bereitgestellt.

1.1. Problemstellung

Wie aus praktischen Untersuchungen bekannt ist, stellt die Frage nach Eigenfertigung oder Fremdbezug viele Unternehmen vor eine gewisse Orientierungslosigkeit. Obwohl die Gestaltung der innerbetrieblichen Wertschöpfungstiefe immer stärker Einfluss auf den Erfolg eines Unternehmens nimmt, wird der Make-or-Buy-Problemstellung oftmals wenig Beachtung geschenkt. Entscheidungen in Bezug zur Fertigungstiefe unterliegen oft einer gewissen Willkür und orientieren sich weniger an der eigentlich optimalen Schnittstelle in der Wertschöpfungskette. Die Konkurrenzfähigkeit eines Unternehmens kann deutlich von der Wahl der Make-or-Buy-Strategie mitbestimmt werden.
Für die JEMA GmbH ergibt sich ein Entscheidungsproblem aus Eigenfertigung oder Fremdbezug von Sägeabschnitten. Die Problemstellung besitzt für das Unternehmen eine strategische Bedeutung, jedoch konnte bisher keine optimale Handlungsstrategie klar herausgestellt werden. Für den Bereich der mechanischen Fertigung soll somit die optimale Fertigungstiefe ermittelt werden. Mögliche Bereitstellungsalternativen sind hinsichtlich ihrer Vorteilhaftigkeit zu beurteilen. Es ergibt sich weiterhin die Fragestellung, ob die JEMA GmbH auch extern als Dienstleister für Lohnsägearbeiten auftreten sollte.

1.2. Zielsetzung der Arbeit

Ziel dieser Arbeit ist es, für den in der Problemstellung beschriebenen Praxisfall eine optimale Fertigungsstrategie zu entwickeln. Diese Strategie steht dabei im Zusammenhang mit dem Entscheidungsproblem hinsichtlich Eigenfertigung (Make) oder Fremdbezug (Buy) von Sägeteilen im Bereich der mechanischen Fertigung der JEMA GmbH. Mit Hilfe geeigneter Methoden soll ein Konzept zur optimalen Bereitstellung von Sägeabschnitten erarbeitet werden. Als eine Orientierungs- und strategische Entscheidungshilfe soll diese Arbeit Antwort auf die Fragestellung geben, ob das betrachtete Produktspektrum und der damit verbundene Fertigungsschritt eine Kernfähigkeit des Unternehmens darstellt oder nicht. Somit soll auch herausgearbeitet werden, ob das Unternehmen im Rahmen einer Make-Strategie als Dienstleister im Bereich Lohnsägearbeiten am Markt auftreten sollte. Die Ergebnisse und

Handlungsempfehlungen dieser Arbeit sollen die optimale Wertschöpfungstiefe in dem betrachteten Unternehmensbereich formulieren.

1.3. Methodische Vorgehensweise

Um die Fragestellung nach der optimalen strategischen Entscheidung hinsichtlich Make-or-Buy Erfolg versprechend beantworten zu können, ist es wichtig, den jeweils richtigen konzeptionellen Ansatz zu wählen. Da es in der Literatur eine Vielzahl von Methoden gibt, welche im Grunde alle diese Frage zu beantworten versuchen, müssen hier aus den Zielstellungen die richtigen Fragen zur Wahl der Methodik abgeleitet werden. Auch muss neben der Frage nach den Zielen geklärt werden, um welche Art von Make-or-Buy-Objekten es sich handelt und ob die Herangehensweise damit vereinbar ist. Der Verfasser ist der Ansicht das sowohl „Make" als auch „Buy" jeweils Extrempunkte darstellen, zwischen denen eine große Anzahl von Vernetzungsstrategien und Kooperationsformen möglich ist. Die Schwierigkeit bei der Wahl der eigenen, optimalen Fertigungstiefe besteht nun darin, alle Entscheidungsgrößen zu identifizieren und einfließen zu lassen. In Abschnitt 3 werden zentrale Einflussfaktoren der Make-or-Buy-Entscheidung bewertet und durch ein Portfolio grafisch dargestellt. Die abstrakten Größen des Portfolios werden durch Ermittlung einer qualitativen Überlegenheit für „Make" oder „Buy" messbar gemacht.[1] Den zweiten Baustein der Untersuchung bildet ein quantitatives Portfolio. In Abschnitt 4 wird dabei aus kostenrechnerischer Sichtweise eine Überlegenheit für Eigenfertigung bzw. Fremdbezug von Sägeteilen herausgestellt. Als Werkzeug dient dabei eine Kostenvergleichsrechnung. Aus den gewonnenen Ergebnissen der beiden Analysen kann eine gezielte Handlungsstrategie entwickelt werden.[2] Je nach dem, wie sich der Analyseprozess mit Hilfe der angewandten Methoden entwickelt, wird auf die optimale Bereitstellungsalternative verstärkt eingegangen. In den einzelnen Kapiteln wird die jeweils genutzte Methodik eingehend erläutert und Stellung zur gewählten Vorgehensweise bezogen.

[1] vgl. Schneider D., Baur C., Hopfmann L.: Re-Design der Wertkette durch make or buy; Wiesbaden; 1994; S. 93

[2] vgl. Schneider D., Baur C., Hopfmann L.: Re-Design der Wertkette durch make or buy; Wiesbaden; 1994; S. 107

2. Grundlagen zur Make-or-Buy-Theorie

Der Ausdruck Make-or-Buy kann aus dem englischen mit „Machen oder Kaufen“ ins deutsche übersetzt werden. Dabei steht er auch im Sinne von Eigenfertigung oder Fremdbezug von Leistungen. Unter Leistungen können hierbei u.a. Teile, Baugruppen, Dienste oder Technologien verstanden werden. Make-or-Buy ist mit der Fragestellung verbunden, ob eine solche Leistung vom Unternehmen selbst erbracht oder am Markt bezogen werden sollte.[3] Eine enge Bindung haben Eigenfertigung und Fremdbezug mit dem Begriff des Outsourcing. Als Kunstwort steht Outsourcing zusammenfassend für ein „outside resources using“. Die Nutzung dieser externen Ressourcen wird dabei meist für einen gesamten Geschäftsbereich in Anspruch genommen.[4] In der Literatur existiert keine scharfe Trennung bzw. genaue Charakterisierung der Unterschiede von Make-or-Buy und Outsourcing. Make-or-Buy-Fragestellungen besitzen meist einen eher kurzen Entscheidungshorizont. Outsourcing orientiert sich im Rahmen strategischer Entscheidungen dagegen oft längerfristig.

Das Wahlproblem der Unternehmung

In der Literatur wird Make-or-Buy als Wahl- bzw. Entscheidungsproblem zwischen verschiedenen Bereitstellungsalternativen behandelt. Das Unternehmen muss die Argumente beider Bereitstellungsalternativen identifizieren und individuell bewerten. Make-or-Buy-Entscheidungen setzen sich zunehmend aus einem funktionsübergreifenden Bündel von Leistungen und Gütern zusammen. Eine Betrachtung einzelner Einflussgrößen wird aufgrund der Komplexität der Problemstellung immer schwieriger. Als Beispiel ist der Fremdbezug eines Halbfertigteiles meist auch an die Erbringung logistischer Funktionen gekoppelt.[5] So haben Präferenzen des Managements ebenso Einfluss auf eine Entscheidung, wie Dominanzen der Technik und des Kapitaleinsatzes. Der Befehlsbereich des Unternehmens ist bei Eigenfertigung meist deutlich höher als bei einem

---

[3] vgl. Männel W. (Hrsg.): Entscheidungen zwischen Eigenfertigung und Fremdbezug in der Praxis; Frankfurt am Main; 1973; S. 25

[4] vgl. Jahn H. C., Riemensperger F., Scholtissek S. (Hrsg.): Sourcing; Frankfurt am Main; 2004; S. 14

[5] vgl. Arnolds H., Heege F./ Tussing W.: Materialwirtschaft und Einkauf; Wiesbaden; 1993; S. 327

Fremdbezug der Leistungen. Zudem ist die Unternehmensführung bemüht, die Ganzheit des Unternehmens zu sichern.
Weitere innerbetriebliche Bestimmungsgrößen ergeben sich aus den Kosten bzw. Preisen sowie der Qualität und der Quantität. Als wesentliche Koordinationsgröße zwischen Markt und Unternehmung, stellen die Beschaffungspreise und Selbstkosten ein oft entscheidendes Wahlproblem zwischen Eigerherstellung und Fremdbeschaffung dar.[6] Das Unternehmen sieht sich mit der Fragestellung konfrontiert, inwieweit es bereit ist, sich in Abhängigkeiten von Zulieferern zu begeben. Werden Leistungen extern beschafft, besteht zudem das Risiko, Know-how abzugeben und Betriebsgeheimnisse zu verlieren. Auch muss die Versorgungssicherheit durch eine entsprechend leistungsfähige Logistik gewährleistet sein. Es ist zu beurteilen, wie eine Lieferanteneinbindung die Reaktionszeiten aufgrund veränderter Informationswege beeinflusst. Der gesamte Koordinationsaufwand zwischen Lieferant und Unternehmung verursacht Transaktionskosten. Diese sind in ihrer Höhe zu bewerten und im Rahmen des Wahlproblems einzubeziehen.
Durch Verlagerung von Fertigungsumfängen nach außen, können für die Unternehmung auch viele positive Effekte erzielt werden. So kann durch spezialisierte Lieferanten, Fachwissen und Fertigungstechnologie in die eigenen Produkte einfließen. Hat das Management die Kernkompetenzen des eigenen Unternehmens identifiziert, lassen sich Wertschöpfung und Kapazitäten wirkungsvoller auf diese Bereiche konzentrieren. Periphere Wertaktivitäten werden ausgelagert und es kann bei Standardleistungen meist eine preisgünstigere Versorgung erreicht werden.[7]

Auslösersituationen einer Entscheidung zwischen Make-or-Buy

Eine Vielzahl von Bestimmungsfaktoren kann zu Veränderungen in der Wertschöpfungskette der Unternehmung führen. Die Anlässe von Make-or-Buy-Entscheidungen lassen sich entsprechend ihrer Randbedingungen in zwei Situationen einteilen. Bei veränderten Bedarfen und mit gleich bleibendem Bedarf an Leistungen (vgl. Abbildung 1). Ein sich ändernde

[6] vgl. Männel W. (Hrsg.): Entscheidungen zwischen Eigenfertigung und Fremdbezug in der Praxis; Frankfurt am Main; 1973; S. 29 ff i.V.m. S. 35
[7] vgl. Arnolds H., Heege F./ Tussing W.: Materialwirtschaft und Einkauf; Wiesbaden; 1993; S. 333 ff

Bedarfssituation ergibt sich für das Unternehmen auch aus einer Umorganisation oder Ausgliederung der Fertigung.

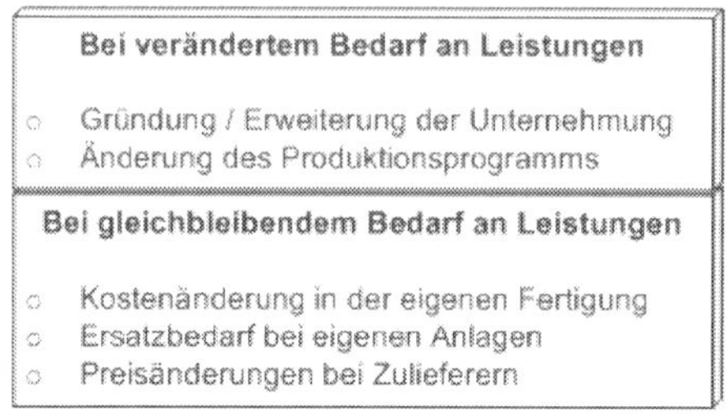

Abbildung 1: Auslösersituationen für Make-or-Buy-Entscheidungen[8]

Ein Wahlproblem kann sich ebenfalls auch bei konstantem Bedarf herausstellen. So können z.B. auch qualitative Erfordernisse des Marktes an das eigene Endprodukt die bisherige Bereitstellungsform zur Disposition stellen. Auch eine notwendige Modernisierung bisheriger Anlagen kann bestimmend für die Problemstellung wirken.[9] Es lässt sich ableiten, dass sich nicht nur Make-or-Buy-Objekte als ein Leistungsbündel darstellen, sondern auch die hier aufgeführten Anlässe oft nicht allein auftreten oder in Abhängigkeit zueinander stehen. Der Ersatzbedarf einer Anlage hat auch eine Änderung der Kostenstruktur zur Folge, dies fließt somit ebenfalls in den Entscheidungskontext ein.

2.1. Die Wertschöpfungskette der Unternehmung

Unternehmungen haben entlang der gesamten Wertschöpfungskette vom Rohstoff bis zum Endprodukt durch ihre spezifischen Wertaktivitäten einen bestimmten Anteil an dieser „Wertschöpfungspipeline". Die Wertaktivitäten sind dabei als Prozessschritte zu verstehen, welche von Produkten und Leistungen bis zu ihrer Marktreife durchlaufen werden. Es kann dabei in primäre und sekundäre Aktivitäten unterschieden werden. Als primär sind Wertaktivitäten zu verstehen, bei denen, z.B. durch drehen, sägen oder biegen eine physische Veränderung des Werkstoffes vorgenommen wird.

[8] vgl. Welker C. B.: Produktionstiefe und vertikale Integration; Wiesbaden; 1993; S. 17 f

[9] vgl. Welker C. B.: Produktionstiefe und vertikale Integration; Wiesbaden; 1993; S. 17 f

Im Gegensatz dazu gehören Planung, Steuerung und Kontrolle zu den sekundären Aktivitäten, welche unterstützend für die primären wirken.
Die Wertschöpfungskette besteht aus den aufeinander folgenden, primären Wertaktivitäten. Für den Unternehmer ist es daher von entscheidender Bedeutung, die Wertketten in denen er aktiv ist zu kennen und Veränderungen wahrzunehmen. Treten Unternehmen mit einer hohen Vielfalt an Produkten am Markt auf, so müssen sie nun durch die Menge an Wertketten eine Wertketten-Landkarte überschauen und steuern können. Es muss dem Unternehmen bekannt sein, welchen Anteil es mit den eigenen Wertaktivitäten an diesen Wertketten hat und wo die Unternehmensgrenzen hinsichtlich Lieferant und Kunden zu finden sind. Sind diese Informationen bekannt, kann das Unternehmen durch gezieltes Integrationsverhalten die Wertketten (-landschaft) gestalten. Durch Make-or-Buy-Aktivitäten als Antriebsquellen, kann das Unternehmen an der Gestaltung der Wertketten teilnehmen. Entwickelt sich eine solche Wertaktivität im Rahmen der Unternehmensziele besonders attraktiv, so kann das Unternehmen versuchen, diesen Teil der Wertschöpfung durch Vorwärts- bzw. Rückwärtsintegration selbst zu übernehmen. Die folgende Abbildung soll das beschriebene Integrationsverhalten darstellen.

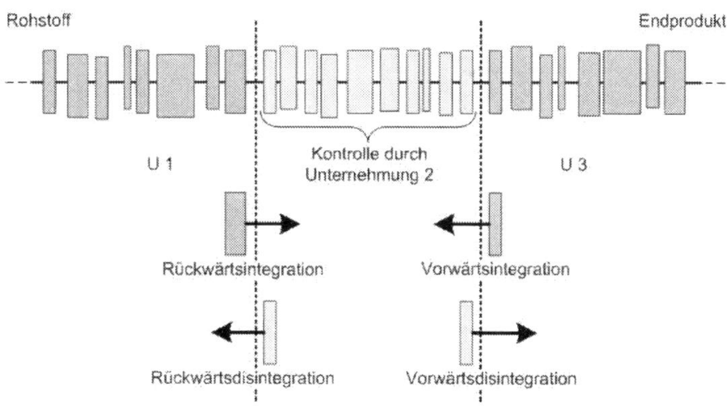

Abbildung 2: Wertketten-Re-Design durch vertikale Integrationsstrategien[10]

In Anlehnung an Abbildung 2 zeigt sich, dass sich das Design der Wertketten-Landkarte ständig verändern kann. Dies stellt die Verknüpfung zwischen Make-or-Buy-Vorgängen und dem Re-Design der Wertkette

[10] Quelle: Schneider D., Baur C., Hopfmann L.: Re-Design der Wertkette durch make or buy; Wiesbaden; 1994; S. 46

dar.[11] Welker verbindet dabei den Begriff der Produktionstiefe mit den einzelnen, vertikalen Wertschöpfungsstufen von Leistungen in einer Unternehmung. Es kann also die Frage aufgeworfen werden, welche Produktionsstufe Vorleistungen aus eigener Wertaktivität erhält und ab welcher Stufe der Schritt zum Fremdbezug vollzogen wird. Die vertikale Integration beschreibt damit die Eingliederung von Produktionsstufen in den Verfügungsbereich des Unternehmens und hat eine Steigerung der Produktionstiefe zur Folge. Werden Leistungen aus einer Organisationseinheit abgezogen und an andere Einheiten delegiert, findet eine Ausgliederung bzw. vertikale Disintegration von Produktionsstufen statt.[12]

Betrachtet man die Eingliederung von Wertaktivitäten die näher am Rohstoff liegen, so ist darunter die Rückwärtsintegration zu verstehen. Erfolgt eine Übernahme von Aktivitäten näher am Endprodukt, stellt dies die Vorwärtsintegration dar. Ebenso verhält es sich mit der Ausgliederung, wobei hier bei Abgabe von Wertaktivitäten näher am Rohstoff, von Rückwärtsdisintegration und bei Aktivitäten näher am Endprodukt von Vorwärtsdisintegration gesprochen wird.

Welker veranschaulicht die Eingliederung von Produktionsstufen mit Hilfe des qualitativen Wachstums von Unternehmungen. Quantitatives Wachstum wird, da es sich hier um Veränderungen in Produktions- und Absatzmengen handelt, nicht einbezogen und abgegrenzt. Werden Vorleistungen bei gleich bleibendem Reifegrad und gegebener Anzahl von Endprodukten vom Unternehmen übernommen, so ist darunter Rückwärtsintegration zu verstehen. Erhöht sich jedoch der Reifegrad des Enderzeugnisses bei konstanten Vorleistungen, so wird hier von Vorwärtsintegration gesprochen. Beide Situationen beschreiben ein qualitatives Wachstum. Ein weiterer Schritt der Differenzierung ergibt sich, wenn man gedanklich von einer sich ändernden Anzahl an Endprodukten ausgeht, d.h. einer Änderung in Angebots- und Produktionsbreite. Steigt die Anzahl an Erzeugnissen gleicher Produktionsstufe (horizontale Produktdiversifikation), generiert sich daraus ebenso qualitatives

---

[11] vgl. Schneider D., Baur C., Hopfmann L.: Re-Design der Wertkette durch make or buy; Wiesbaden; 1994; S. 15ff

[12] vgl. Welker C. B.: Produktionstiefe und vertikale Integration; Wiesbaden; 1993; S. 11

Wachstum wie bei einer Zunahme an Vorstufen- oder Nachstufenprodukten (vertikale Produktdiversifikation).[13]

2.2. Objekte strategischer Make-or-Buy-Entscheidungen

Das Problemfeld von Eigenfertigung und Fremdbezug wirft zwangsläufig die Frage nach der Art der zu beziehenden Leistung auf. Die möglichen Objekte von Make-or-Buy-Aktivitäten lassen sich in vier Grundebenen gliedern (vgl. Abbildung 3). Ergänzt wird die Darstellung um eine Charakterisierung sowie eine mögliche Handhabung der Objekte. Wie zu erkennen, dreht sich die Bewältigung der Fragestellung bei weitem nicht nur um Materialien oder Vorprodukte. Immer stärkere Bedeutung erhält das Outsourcing von betrieblichen Dienstleistungen an externe Anbieter. So werden zunehmend die Gebäudesicherung sowie das Catering und die Gebäudereinigung im Rahmen eines umspannenden Facility Managements als Fremdleistung bezogen.

Teile / Komponenten	○ geringe Wirkung auf Fertigungstiefe / Eigenerstellungsquote ○ geringste Auswirkungen, Akzeptanzbarrieren, Widerstände ○ wenig strategie- und differenzierungsrelevant ○ meist Kosten-/Preis- sowie „abgestimmte Einkaufsentscheidung"
Systeme / Baugruppen	○ stärkere Wirkung auf Fertigungstiefe / Eigenerstellungsquote ○ hohe Auswirkungen, Akzeptanzbarrieren, Widerstände ○ hohe Strategie- / Differenzierungsrelevanz ○ einkaufsübergreifende, strategische Teamentscheidung
Technologien	○ Wirkung auf Fertigungstiefe / Eigenerstellungsquote selektiv ○ hohe Strategie- / Differenzierungsrelevanz ○ strategische Grundlagenentscheidung ○ Entscheidung eines Outsourcing-Teams
Dienste / Funktionen	○ Wirkung auf Fertigungstiefe / Eigenerstellungsquote selektiv ○ Strategie- / Differenzierungsrelevanz selektiv ○ meist Teamentscheidung, aber gleichzeitig Modeentscheidung ○ oft Outsourcing wegen Mangel an attraktiver Gestaltung

Abbildung 3: Make-or-Buy-Objektebenen – praktische Charakterisierung und Handhabung[14]

Auch Baugruppen oder sogar Endprodukte stehen als Make-or-Buy-Objekte im Fokus. So ergänzen Handelsprodukte oft das eigene Sortiment und werden spezifischen Bedürfnissen angepasst.[15]

[13] vgl. Welker C. B.: Produktionstiefe und vertikale Integration; Wiesbaden; 1993; S. 12f

[14] Quelle: Schneider D., Baur C., Hopfmann L.: Re-Design der Wertkette durch make or buy; Wiesbaden; 1994; S. 45

[15] vgl. Arnolds H., Heege F./ Tussing W.: Materialwirtschaft und Einkauf; Wiesbaden; 1993; S. 327 f

Teile und Komponenten weisen durch ihr geringes Veredelungsniveau bei Veränderungen hinsichtlich Eigenfertigung oder Fremdbezug eher geringe Wirkungen auf die Fertigungstiefe auf. Dadurch sind in dieser Objektebene die wenigsten Akzeptanzbarrieren im Hinblick auf Make-or-Buy-Entscheidungen zu erwarten. Diese Gruppe ist häufigster Ansatzpunkt für derartige Ausgliederungsprozesse. Stärkere Wirkung auf die Produktionstiefe und somit höhere Widerstände haben Make-or-Buy-Entscheidungen von Systemen und Baugruppen. Bei dieser Objektkategorie handelt es sich daher eher um eine strategische Problemstellung, die auch mit einem höheren Veredelungsniveau der Objekte umgehen muss. Stehen Technologien im Blickfeld der Make-or-Buy-Betrachtung, erfolgt eine Outsourcing-Bewertung meist durch ein Technologie-Team. Oft ist mit einer Technologie eine mehr oder minder starke Zukunftsträchtigkeit verbunden, welche eine sensible und vorausschauende Beurteilung benötigt. Die Strategiebildung orientiert sich dabei oft an der jeweiligen Philosophie des Unternehmens. [16]

2.3. Entscheidungsunterstützung

Um sich der Problemstellung Make-or-Buy angemessen zu nähern, gibt es eine Anzahl von Methoden, welche zur Bewältigung der Fragestellung beitragen. Welker beschreibt die Herangehensweise unter kritischer Berücksichtigung verschiedener Aspekte zur Wahl der Methodik. Es sind unternehmerische Zielsetzungen ebenso zu berücksichtigen wie unsichere Erwartungen und die jeweilige Entscheidungssituation. Bei der Gegenüberstellung der Bereitstellungsalternativen können sich Probleme bei der Quantifizierung qualitativer Aspekte und einer rechnerischen Erfassung ergeben. Auch treten im Bezug der zukünftigen Erwartungen und Prognosen hinsichtlich Mengen- und Preisentwicklungen Unsicherheiten auf. Richtet sich der Blick auf die spezifische Entscheidungssituation mit der sich die Unternehmung konfrontiert sieht, so lässt sich das Problem mit quantitativen Methoden im Rahmen von Kostenvergleichsrechnungen angehen. Der Aufbau einer problemadäquaten Wirtschaftlichkeitsbetrachtung richtet sich an vier Bereichen aus.

[16] vgl. Schneider D., Baur C., Hopfmann L.: Re-Design der Wertkette durch make or buy; Wiesbaden; 1994; S. 46

Die betrachteten Leistungen bzw. Produkte müssen hinsichtlich ihrer *Gleichwertigkeit* untersucht werden. Sind keine Unterschiede im Bezug zur Qualität feststellbar, ist ein Vergleich der Bereitstellungskosten durchzuführen. Eine Erfolgsvergleichsrechnung ist hingegen bei qualitativen Unterschieden zu wählen, da bei dieser Rechnung Einsparungen und Mehrerlöse erfasst werden können. Eine weitere Differenzierung muss gegenüber *kurz- oder langfristig wirksamen Entscheidungen* getroffen werden. Dieser Punkt zielt besonders auf zukünftige Engpässe im Hinblick auf verfügbare Produktionskapazitäten ab. Eine weitere Größe stellt die *Beschäftigungssituation* dar. Wird von einer kurzfristig zu treffenden Fertigungsentscheidung ausgegangen, so hat die Beschäftigung Einfluss auf den Ansatz der Kostenbestandteile. Bei Unterbeschäftigung, d.h. keiner vollen Auslastung aller Kapazitäten, kann im Gegensatz zur Vollbeschäftigung mit Einzel- bzw. Grenzkosten kalkuliert werden. Ist das betrachtete Leistungsspektrum mengenmäßig teilbar, ergeben sich weitere Gestaltungsmöglichkeiten der Fertigungsumfänge. [17]
Zur Unterstützung der Entscheidung im Rahmen eines Kostenvergleiches sind nur entscheidungsrelevante Kosten einzubeziehen. Die bedeutet, dass ein Vollkostenansatz für die Problemstellung insofern nicht tragbar ist, da er Gemeinkosten in die Rechnung einfließen lässt. Der Kostenvergleich muss sich demnach an relativen Einzelkosten des Make-or-Buy-Objektes ausrichten.[18]

Da auch qualitative Einflussgrößen wesentlich zu einer Orientierung hinsichtlich Eigenfertigung oder Fremdbezug beitragen, ist es sinnvoll auch hierfür einen methodischen Ansatz einzubauen. Schneider nutzt dazu die Portfolio-Methodik. Dabei wird ein Make-or-Buy-Objekt anhand von zwei ausgewählten Dimensionen bewertet. Mit Hilfe eines Fragebogens kann eine Korrelation der Einfluss- bzw. Entscheidungsgrößen in Bezug zu einer der Dimensionen ermittelt werden. Als Dimensionen können z.B. Spezifität und Unsicherheit gewählt werden. Durch eine, im Team vorgenommene Bewertung der Ausprägungen, wird Ressortinteressen entgegengewirkt und eine tragfähige Entscheidungsbasis erarbeitet. Entsprechend dem Scoring der Teammitglieder lässt sich die Überlegenheit für eine „Make"

[17] vgl. Welker C. B.: Produktionstiefe und vertikale Integration; Wiesbaden; 1993; S. 19 ff

[18] vgl. Männel W.: Die Wahl zwischen Eigenfertigung und Fremdbezug; Stuttgart; 1982; S. 38 f

oder „Buy“ - Strategie ableiten. Durch die Punktwerte wird eine Operationalisierung der qualitativen Größen erreicht.[19]

2.4. Historische Strömungen im strategischen Management

Bei der historischen Betrachtung der unterschiedlichen unternehmerischen Strategieansätze der letzten Jahrzehnte, stößt man unwillkürlich auf die Tatsache, dass das strategische Management durch Modetrends der jeweiligen Periode gekennzeichnet ist. Um ein entsprechende Entwicklung nachzeichnen zu können, bringt der Verfasser die Sichtweise von Thomsen in diese Betrachtung ein. Dieser beschreibt die historischen Orientierungen des strategischen Managements in Anlehnung an den Kernkompetenzen-ansatz.

Das strategische Management soll dem Unternehmen einen erfolgreichen Umgang mit einer umweltbedingten Dynamik, Unvorhersehbarkeit und Komplexität ermöglichen bzw. sichern. „Das strategische Management hat die Aufgabe, durch aktive Steuerung der Unternehmensentwicklung langfristig die Überlebensfähigkeit des Unternehmens sicherzustellen.“[20] Das Unternehmen kann sich dabei durch eine aktive bzw. reaktive Gestaltungsstrategie entweder an Umweltbedingungen anpassen oder versuchen, die Umwelt selbst zu gestalten.

In den sechziger und siebziger Jahren kam es zu einer klaren Abtrennung und einem Grundverständnis für ein eigenständiges, strategisches Management. Die Strategieansätze während dieser Zeit waren von einer Absatzmarkt- und Umweltorientierung geprägt. Diese Ausrichtung war auf konjunkturelle Einbrüche während der sechziger Jahre zurückzuführen und Zwang das Management sich verstärkt mit umweltbedingten Dynamiken auseinanderzusetzen. In dieser Zeit wurden bis heute prägende strategische Planungskonzepte, wie z.B. dem der strategischen Geschäftseinheiten oder dem Erfahrungskurvenkonzept entwickelt. Dem Management gelang es mit Hilfe von Portfoliotechniken wesentliche Fragestellungen bei der Strategiefindung zu beantworten. Der von der Harvard Business School entwickelte SWOT-Ansatz zeigte dem Management die Stärken und Schwächen des eigenen Unternehmens.

---

[19] vgl. Schneider D., Baur C., Hopfmann L.: Re-Design der Wertkette durch make or buy; Wiesbaden; 1994; S. 95

[20] vgl. Thomsen E.-H., Lück W. (Hrsg.): Management von Kernkompetenzen; Sternenfels; 2001; S. 8

Diese wurden, den sich aus dem Markt ergebenden Chancen und gegenübergestellt um daraus eine angemessene Strategie zu formulieren.
Die achtziger Jahre zeichneten sich durch eine zunehmende Wettbewerbsorientierung aus. Diese Periode wurde durch die Entwicklung von Wettbewerbsstrategien stark von Porter und seinem Werk „Competitive Strategy“[21] geprägt. So genannte Fünf Wettbewerbskräfte waren für Porter Ausgangspunkt für den Unternehmenserfolg. Aus diesen strukturellen Faktoren leitete er, wie in Abbildung 4 zu entnehmen, drei Strategietypen ab.

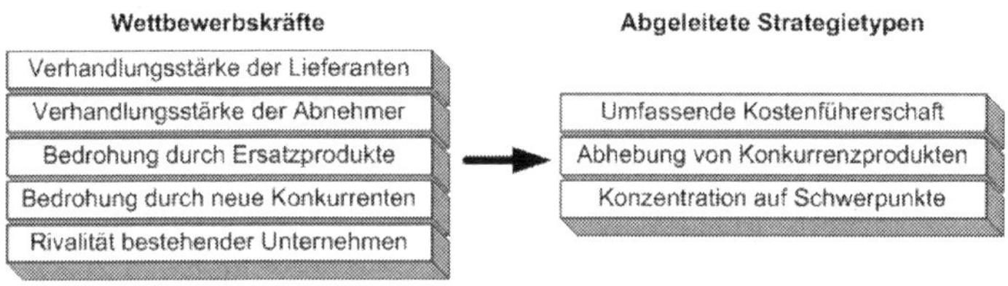

Abbildung 4: Wettbewerbskräfte und Strategietypen[22]

Abgeleitet von den gezeigten Strategietypen, ergibt sich der Wettbewerbserfolg von der Wahl der geeigneten Grundstrategie im Zusammenspiel mit der jeweiligen Branche in der das Unternehmen aktiv ist. Auch wurde eine bisher stark marktorientierte Sichtweise durch eine wachsende Ressourcenorientierung geprägt. Noch bevor der Kernkompetenzenansatz endgültig ein treibender strategischer Managementansatz wurde, erweiterte sich die Marktorientierung um die Ressourcen Technologie, Innovation und Personal.
Bei der zunehmenden Ressourcenorientierung in den neunziger Jahren, wird der bisherige, strategische Denkprozess nahezu vollständig umgekrempelt. Es entwickelt sich eine vollkommen neue Perspektive. Um eine günstige Marktposition zu erreichen, werden nun gezielt Ressourcenpotentiale aufgebaut. Es wird nicht wie bisher, der Ressourcenbedarf ausgehend von der Marktpositionierung bestimmt. In seiner Arbeit greift Thomsen auf den Beitrag „The Core Competence of the Corporation“ von Prahalad/Hamel[23] zurück. Die darin beschriebene Ausrichtung der Ressourcen auf die Kernkompetenzen eines

---

[21] M. Porter: Competitive Strategy. Techniques for Analyzing Industries and Competitors. The Free Press; New York / London; 1980
[22] vgl. Thomsen E.-H., Lück W. (Hrsg.): Management von Kernkompetenzen; Sternenfels; 2001; S. 15
[23] C. Prahalad, G. Hamel: The Core Competence of the Corporation; Harvard Business Review; Vol. 68 No. 3; 1990

Unternehmens hat substanzielle Bedeutung für den Unternehmenserfolg. Es wird auf den Aufbau und den Schutz unternehmensspezifischer Fähigkeiten verwiesen. Genau diese Fähigkeiten bilden die Wurzeln für dauerhaft erfolgreiche Produkte.[24]

2.5. Aktuelles Geschehen und Trends

Wie schon eingehend dargelegt, unterliegt auch die Make-or-Buy-Problematik im Rahmen des strategischen Managements Modeströmungen und periodischem Trendverhalten. Der vorausgesagte Wandel im Beschaffungswesen über die Jahrtausendwende lässt sich nun bestens reflektieren. Die Abbildung 5 soll aufzeigen, das die 1998 festgehaltene neue Ausrichtung der Beschaffung 10 Jahre später in den meisten Unternehmen fester Strategie- bzw. Philosophiebestandteil geworden ist.

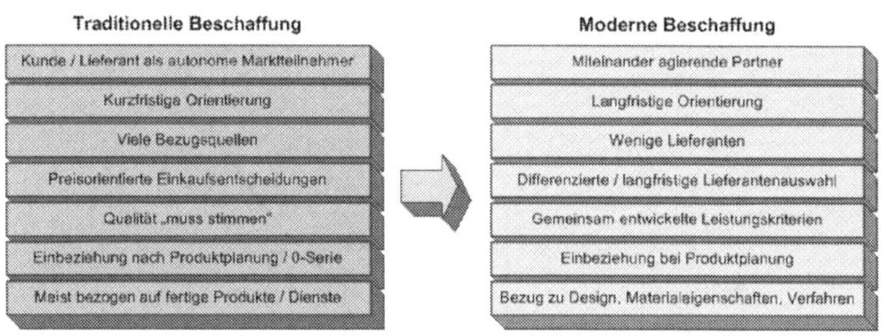

Abbildung 5: Wandel des Beschaffungswesens[25]

Für Schneider wird das „Agieren an den Unternehmensgrenzen immer wichtiger."[26] Die Wertaktivitäten, die an diesen innerbetrieblichen Grenzen der Leistungserstellung liegen, müssen ständig hinterfragt werden. Als Organisationseinheit, die über diese Grenzen hinweg agiert, nimmt das Beschaffungswesen eine entscheidende Rolle im Re-Design-Prozess der Unternehmung ein. Der Bereich Einkauf muss gekonnt internes Know-how und Wissen von fertigungsnahen Bereichen einfließen lassen, um in Bezug zu einer Lieferantenstrategie deren Wertschöpfungskette analysieren zu können. Um unentdeckte Rationalisierungsreserven aufzudecken, das

[24] vgl. Thomsen E.-H., Lück W. (Hrsg.): Management von Kernkompetenzen; Sternenfels; 2001; S. 7 ff

[25] Quelle: Schneider D., Baur C., Hopfmann L.: Re-Design der Wertkette durch make or buy; Wiesbaden; 1994; S. 89

[26] vgl. Schneider D., Baur C., Hopfmann L.: Re-Design der Wertkette durch make or buy; Wiesbaden; 1994; S. 89

Qualitätsverhalten besser einschätzen zu können oder Erfahrungskurveneffekte nutzbar zu machen, ist es mehr und mehr notwendig, diese Verknüpfungen zukünftig im Unternehmen zu fördern. Auch lässt sich nahezu ein Zwang zur Professionalisierung des Beschaffungswesens ableiten, bedingt durch die fortschreitende Reduzierung der direkten Zulieferer. Der hier beschriebene Trend kann sich zunehmend zu einem small-numbers-Problem entwickeln und entsprechende Risiken mit sich bringen. So muss versucht werden, entgegen einem geringen vertikalen Integrationsgrad bei einer large-numbers-Situation, Lieferanten stärker in die Wertschöpfungspipeline zu integrieren und durch eine organisatorisch-rechtliche Bindung die potentiellen Risiken zu binden.[27]

2.6. Kernkompetenzen eines Unternehmens

Der Markt auf dem Unternehmen heutzutage auftreten, ist von immer schnellerem und immer stärkerem Wandel geprägt. Es ist nicht mehr nur ausreichend, strategische Geschäftseinheiten an Endprodukten auszurichten und zu versuchen, diese bis zur Marktführerschaft zu bringen. Durch den stetigen Wandel kann eine Marktführerschaft bestenfalls vorübergehend sein. Immer mehr Unternehmen erkennen diesen Konflikt und entwickeln selbstständig neue Märkte, treten frühzeitig und schnell in aufstrebende Märkte ein und verändern kundenfokussiert radikal Strukturen in bestehenden Märkten. Die Aufgabe des Managements besteht heutzutage vielmehr darin, Produkte zu entwickeln und erfolgreich durchzusetzen, von denen die Kunden bis dahin nicht wussten, dass sie diese benötigen würden.

Unternehmen müssen weiterhin klar die eigene Wettbewerbsfähigkeit reflektieren können. In Zeiten der Globalisierung lässt sich der Wettbewerbserfolg nicht mehr nur aus dem Preis-/ Leistungsverhältnis ihrer Produkte ableiten. Durch weltweiten Wettbewerb, werden bislang innovative und komplexe Produkte immer weiter hinsichtlich Qualität und Kosten standardisiert. Wettbewerbsbarrieren werden zunehmend abgebaut und bisherige Vorteile (ver-)schwinden. Konkurrenzfähigkeit kann also nicht sein, sich durch immer kostengünstigere und schneller hervorgebrachte Produkte auf dem Markt zu behaupten. Vorteile lassen sich nur durch Bündelung von Kernkompetenzen aus Technologie und Fertigung erzielen.

[27] vgl. Schneider D., Baur C., Hopfmann L.: Re-Design der Wertkette durch make or buy; Wiesbaden; 1994; S. 89 f

Das diversifizierte Unternehmen wird von Prahalad und Hamel mit einem Baum verglichen (vgl. Abbildung 6). Dabei stellt der Baumstamm die Kernprodukte dar. Die kleineren Äste sind die Geschäftseinheiten und die Blätter und Früchte stellen die Endprodukte dar. Die Wurzeln des Baumes sind die Kernkompetenzen. Sie ernähren den Baum und geben ihm Stabilität und festen Halt. Kernkompetenzen sind der Antrieb für Unternehmensentwicklung und den Aufbau neuer Geschäftsfelder. Diversifikation darf sich nicht nur nach der Marktattraktivität ausrichten, sondern muss sich an den jeweiligen Kompetenzen des Unternehmens orientieren.

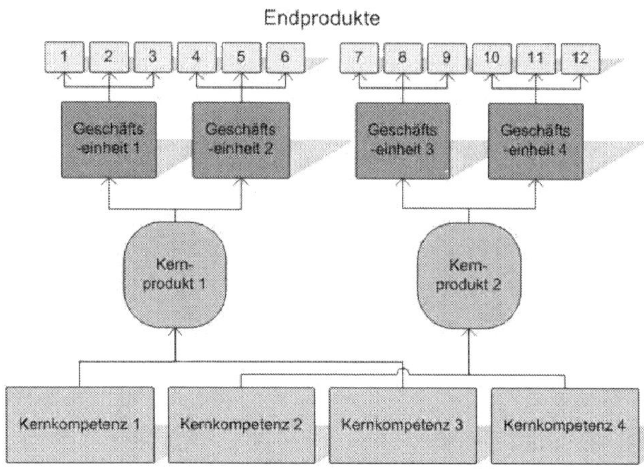

Abbildung 6: Competencies: The roots of competitiveness[28]

In diesem Zusammenhang müssen zuerst Kernkompetenzen identifiziert werden, auch um zu vermeiden diese wieder zu verlieren. „First, a core competence provides potential access to a wide variety of markets. ... Second, a core competence should make a significant constribution to the perceived customer benefits of the end product. ... Finally, a core competence should be difficult for competitors to imitate."[29] Durch Kernkompetenzen gewinnt das Unternehmen einen Zugang zu vielfältigen Märkten. Sie leisten einen wesentlichen Beitrag zum verspürten

[28] Quelle: C. Prahalad, G. Hamel: The Core Competence of the Corporation; Harvard Business Review; erschienen in: Strategische Unternehmungsplanung – Strategische Unternehmungsführung; Heidelberg 2006; S. 278

[29] vgl. C. Prahalad, G. Hamel: The Core Competence of the Corporation; Harvard Business Review; erschienen in: Strategische Unternehmungsplanung – Strategische Unternehmungsführung; Heidelberg 2006; S. 281

Kundennutzen des Produktes und sind nur schwer von Konkurrenten zu imitieren.[30]

2.7. Beitrag zur Transaktionskostentheorie

Der Ansatz der Transaktionskosten lässt sich auf die Arbeit „The Nature of the Firm" von Coase aus dem Jahre 1937 zurückführen. Mittelpunkt dieses Ansatzes sind ökonomische Aktivitäten und Ihre Kosten. Dabei wird die Frage gestellt, ob und warum solche Prozesse über den Preismechanismus eines Marktes oder in einer Unternehmung koordiniert werden sollten.[31] Wird die Koordination über den Markt bzw. dessen Preismechanismus vorgenommen, so fallen nach Auffassung von Coase Transaktionskosten bzw. Kosten der Marktbenutzung an. Übernimmt die Unternehmung die Koordination der Prozesse, werden Organisationskosten unter hierarchischer Anordnung verursacht.[32]

2.7.1. Transaktionen im Unternehmensumfeld

Arbeitsteilung und Kooperation sind fester Bestandteil in einem Unternehmen. Jedoch werden ständig Fragen nach der Ausgestaltung dieser internen und externen Beziehungen aufgeworfen. Dabei kann es auch um das Problem Eigenerstellung oder Fremdbezug von Teilen und Leistungen gehen. Im Rahmen des Transaktionskostenansatzes wird davon ausgegangen, das die reinen Produktionskosten in beiden Fällen etwa gleich hoch sind. Entscheidendes Kriterium sind nun die Kosten des Güteraustausches. Es wird somit die Koordinationsform gewählt, welche die minimalen Transaktionskosten beim Güteraustausch verursacht. Dies setzt jedoch voraus, dass alle teilnehmenden Akteure die Kosten bewerten können und nach dem unterstellten Kriterium handeln.[33]
Transaktionskosten sind bei der Nutzung des marktlichen Preismechanismus alle Kosten der Anbahnung (z.B. Entdeckung relevanter

---

[30] vgl. C. Prahalad, G. Hamel: The Core Competence of the Corporation; Harvard Business Review; erschienen in: Strategische Unternehmungsplanung – Strategische Unternehmungsführung; Heidelberg 2006; S. 276 ff

[31] vgl. Jost P.-J. (Hrsg.): Der Transaktionskostenansatz in der Betriebswirtschaftslehre; Stuttgart; 2001; S. 1

[32] vgl. Wagner R., Müller W. A. (Hrsg.): Die Grenzen der Unternehmung; Heidelberg; 1994; S. 16

[33] vgl. Hosenfeld W.-A., Baumgarten H. (Hrsg.), Gösta B. I. (Hrsg.): Gestaltung der Wertschöpfungs-, Innovations- und Logistiktiefe von Zulieferant und Abnehmer; München; 1993; S. 104

Preise), der Vertragsverhandlung und des Vertragsabschlusses. Markttransaktionen können also bei Vorteilhaftigkeit der Eigenerstellung reduziert werden. Die Kosten des Güteraustausches am Markt werden vom Unternehmen durch interne Koordination substituiert. Es führt jedoch nicht dazu, dass Märkte dadurch verschwinden. Vielmehr steigen die Koordinationskosten im Unternehmen mit zunehmendem Integrationsgrad überproportional an. Erreichen die Grenzkosten der unternehmensinternen Koordination das Niveau der Marktkoordination, stoppt demnach das Unternehmen sein Integrationsverhalten.[34]

Werden zwischen zwei Akteuren Güter ausgetauscht, so kann das in diesem Kontext als Transaktion verstanden werden. Akteure bzw. Transaktionspartner müssen dabei nicht zwangsläufig natürliche Personen sein. Auch Organisationen oder organisatorische Einheiten können als solche auftreten.[35] Nach Annahme der Transaktionskostentheorie haben beide Parteien einer Kooperation eine grundlegende Gemeinsamkeit. Sie streben stets eine individuelle Nutzenmaximierung an und zeigen ein opportunistisches Verhalten. Im Rahmen der Kooperation versucht demnach jeder Akteur sein individuelles Ziel bestmöglich zu erreichen. Dies wird auch angestrebt, wenn strategisches Verhalten eines Transaktionspartners zu lasten des anderen gehen würde.[36]

2.7.2. Anwendungsgebiete

Die Transaktionskostentheorie führt Erkenntnisse aus verschiedenen theoretischen Ansätzen zusammen. Neben der verhaltenswissenschaftlichen Organisationstheorie werden auch die effizienzorientierte Mikroökonomie und die Vertragstheorie eingebracht. Einzuordnen sind die transaktionskostentheoretischen Ansätze in die ökonomische Institutionentheorie. Hier wird davon ausgegangen, dass Transaktionskosten durch knappe Ressourcen verursacht werden. Knappe Ressourcen werden wiederum für das Zustandekommen und die Abwicklung eines Güteraustausches zwischen zwei Akteuren benötigt. Die Transaktionskostentheorie befasst sich mit weit reichenden Problem-

[34] vgl. Hosenfeld W.-A., Baumgarten H. (Hrsg.), Gösta B. I. (Hrsg.): Gestaltung der Wertschöpfungs-, Innovations- und Logistiktiefe von Zulieferant und Abnehmer; München; 1993; S. 116 f

[35] vgl. Jost P.-J. (Hrsg.): Der Transaktionskostenansatz in der Betriebswirtschaftslehre; Stuttgart; 2001; S.10

[36] vgl. Jost P.-J. (Hrsg.): Der Transaktionskostenansatz in der Betriebswirtschaftslehre; Stuttgart; 2001; S. 16 f

stellungen. Der Ansatz findet Anwendung im Rahmen von Make-or-Buy im Bereich der vertikalen Integration einer Unternehmung sowie der Internationalisierung und internen Organisationsgestaltung. [37]

2.7.3. Charakterisierung von Transaktionen

Um Transaktionen bewert- und vergleichbar zu machen, kann eine Charakterisierung nach folgenden 5 Merkmalen vorgenommen werden:

- Spezifität
- Unsicherheit
- Häufigkeit
- Messbarkeit
- Interdependenzen

Ist mit der Durchführung einer Transaktion eine Investition verbunden, so ist die *Spezifität* dieser Investition zu bewerten. Eine Investition die nur zur Erbringung einer speziellen Leistung im Rahmen der Transaktion genutzt werden kann, besitzt eine hohe Spezifität. Bei einer anderen Transaktion bzw. zur Erbringung einer anderen Leistung findet sie keine Verwendung. Als Beispiel für eine sehr transaktionsspezifische Investition kann die Investition in eine Maschine sein. Von einem Zulieferer wird in eine Presse investiert die nur ganz bestimmte Karosserieteile für einen Abnehmer pressen kann. Wird dieses Kooperationsverhältnis durch den Abnehmer beendet, verliert die Anlage ihren Wert. Die Entwicklung der Transaktionskosten in Abhängigkeit transaktionsspezifischer Investitionen lässt sich der Abbildung 7 entnehmen.
Die *Unsicherheit* einer Transaktion beruht auf den unvollständigen Informationen die zwei Transaktionspartner über ihre Umwelt besitzen. Unsicherheit wird durch die Dimensionen Komplexität und Dynamik bestimmt. Durch die Komplexität der Umwelt wird eine Transaktion von vielen Faktoren beeinflusst. Die Unsicherheit kann hinsichtlich der Vorhersagbarkeit zukünftiger Entwicklungen bewertet werden. Auch durch die Dynamik der Umwelteinflüsse auf die Transaktion kann Unsicherheit entstehen. So ist die Dynamik von Veränderungen der Rahmen-

[37] vgl. Hosenfeld W.-A., Baumgarten H. (Hrsg.), Gösta B. I. (Hrsg.): Gestaltung der Wertschöpfungs-, Innovations- und Logistiktiefe von Zulieferant und Abnehmer; München; 1993; S. 104 f

bedingungen einer Transaktion für die Akteure mit Unsicherheiten verbunden.

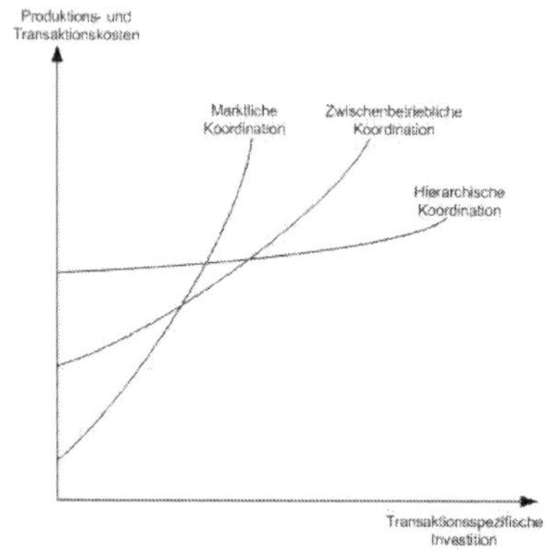

Abbildung 7: Die Abhängigkeit der Kosten verschiedener Koordinationsmechanismen vom Umfang der zur Durchführung einer Transaktion notwendigen transaktionsspezifischen Investitionen[38]

Ein weiteres Charakterisierungsmerkmal stellt die *Häufigkeit* dar. Unterliegen Transaktionen zwischen zwei Akteuren einer hohen Anzahl von Wiederholungen, kann sich eine gewisse Vertrauensbeziehung herausbilden. Die Koordination und die damit verbundenen Kosten werden in positiver Weise beeinflusst. Eine einmalige Transaktion beinhaltet demgegenüber eine gewisse Fremde und eine genauer spezifizierte Koordination bzw. Abwicklung. Die *Messbarkeit* der Ergebnisse einer Transaktion ist für beide Transaktionspartner wichtig. Eine Kooperation ist für beide nur dann sinnvoll, wenn durch sie Werte geschaffen werden die unter den Akteuren aufgeteilt werden können. Problematisch kann hierbei jedoch die Bewertung der jeweils geleisteten Beiträge und der daraus erzeugten Werte sein.

Eine Transaktion kann auch hinsichtlich ihrer Kopplungen und Wechselwirkungen mit anderen Kooperationen charakterisiert und bewertet werden. So sind Transaktionen selten autonom vorzufinden und rufen durch ihre häufige Vernetzung *Interdependenzen* hervor. In diesen Netzwerken sind somit mehr oder weniger stark verknüpfte Transaktionspartner vorhanden. Als Beispiel kann hier ein Fertigungsbetrieb stehen. Müssen zur Montage eines Produktes für einen

[38] Quelle: Jost P.-J. (Hrsg.): Der Transaktionskostenansatz in der Betriebswirtschaftslehre; Stuttgart; 2001; S. 57

Abnehmer bestimmte Baugruppen fremd bezogen werden, so ergeben sich daraus neue Vernetzungen. Diese müssen koordiniert werden und weisen Kopplungen zu nachfolgenden Prozessen bzw. dem gesamten Netzwerk auf.[39]

2.8. Abgrenzung des Investitionsbegriffs

In seiner generellen Bedeutung, kann der Begriff Investition für die Tätigkeit des Investierens als auch für das Objekt Verwendung finden, in welches investiert wird. Ausgangspunkt der vorliegenden Arbeit ist jedoch die Investitionshandlung, bei der eine Investition anhand ihrer Vorteilhaftigkeit bewertet wird. Nach Kruschwitz beziehen sich Investitionsentscheidungen auf Handlungsalternativen und nicht auch eine wertmäßige Erfassung von Vermögensgegenständen. „Über Investitionen entscheiden heißt stets, über Investitionshandlungen zu urteilen“[40] In der Literatur hat sich der zahlungsorientierte Investitionsbegriff stark verbreitet. Dabei wird eine Investition als betriebliche Tätigkeit angesehen, bei der Aus- und Einzahlungen zu unterschiedlichen Zeitpunkten anfallen.

Aufgrund der Vielzahl der zu treffenden Entscheidungen und der Komplexität im Umfeld einer Investitionshandlung ist es sinnvoll diese genauer zu klassifizieren. Eine erste Einordnung der Problemstellung einer Investition lässt sich anhand ihrer Alternativen durchführen. Dabei erfolgt eine Trennung der Investitionsbetrachtung nach Einzel- und Programmentscheidungen. Wenn es um die Fragestellung „Investition A oder B“ bzw. „investieren oder nicht investieren“ geht, so sind diese Situationen als Einzelentscheidung einer Investition zu verstehen. Bei diesem Entscheidungsproblem schließt eine Handlungsmöglichkeit die andere Alternative vollständig aus. Ist jedoch die Frage zu klären, welche Investitionsobjekte sich gemeinsam realisieren lassen und andere damit ausschließen, so handelt es sich um eine Programmentscheidung. Die Investitionen innerhalb eines Programms schließen sich nicht gegenseitig aus und stehen einer Programmalternative (Investition A+B oder Investition X+Y+Z) gegenüber.

Ein weiteres Klassifikationsmerkmal lässt sich durch die Verwendungsdauer bestimmen. Es kann hierbei die Nutzungsdauer einer

[39] vgl. Jost P.-J. (Hrsg.): Der Transaktionskostenansatz in der Betriebswirtschaftslehre; Stuttgart; 2001; S. 11 ff

[40] Quelle: Kruschwitz L.: Investitionsrechnung; München; 2003; S. 3

Investition im Vorfeld als gegeben betrachtet oder selbst als Entscheidungsproblem angesehen werden. Ist eine Nutzungsdauer bereits vorher festgelegt, so spricht man von einer reinen Wahlentscheidung mit mindestens zwei Alternativen. Wird die Dauer der Nutzung einer Investition Gegenstand der Problemstellung, so führt dies zu der Fragestellung, wie lange ein Investitionsobjekt genutzt werden soll.

Die Entscheidungsfindung im Rahmen eines Investitionsvorhabens ist ein dynamischer Prozess und lässt sich in 6 Phasen gliedern. Bei der *Problemstellungsphase* wird durch den Investor eine Mangellage erkannt und die Entscheidung getroffen, diese beseitigen zu wollen. In der *Suchphase* werden Handlungsmöglichkeiten identifiziert und sich daraus ergebende Konsequenzen für den Investor herausgearbeitet. In einer der wichtigsten Phasen, erfolgt mit der *Beurteilungsphase* die direkte Bewertung der Investition hinsichtlich ihrer Konsequenzen für den Investor. Durch den Vergleich der Investitionsalternativen wird in der *Entscheidungsphase* der Entschluss für eine der Möglichkeiten getroffen und diese anschließend in der *Realisierungsphase* umgesetzt. Die *Kontrollphase* werden Abweichungen hinsichtlich der erwarteten und der tatsächlich eingetroffenen Konsequenzen aufgedeckt. Ausgangspunkt für jede dieser Phasen ist die Zielsetzung des Investors, an der sich der Entscheidungsprozess einer Investition zu orientieren hat. Nur durch diese Zielvorgaben und deren präzise Definition kann beurteilt werden, welche die optimale Investitionsalternative ist.[41]

Investitionsrechenverfahren

Die Methoden der Investitionsrechnung sollen über zwei Fragestellungen Aufschluss geben. Liegt für die Investitionshandlung eine absolute Vorteilhaftigkeit vor, d.h. ist es sinnvoll dieses Projekt überhaupt durchzuführen? Für welche Investitionshandlung liegt eine relative Vorteilhaftigkeit vor, d.h. welches Projekt ist aus mehreren Alternativen durchzuführen? Eine relative Vorteilhaftigkeit setzt dabei auch die absolute Vorteilhaftigkeit voraus.[42] Ausgehend von den zwei grundlegenden Verfahren, der statischen und dynamischen Investitionsrechnung, bildet sich zunehmend ein Trend heraus. Bei der Wahl und dem Einsatz der einzelnen Methoden zeigt sich eine höhere Variantenvielfalt und eine

[41] vgl. Kruschwitz L.: Investitionsrechnung; München; 2003; S. 3 ff
[42] vgl. Blohm H., Lüder K.: Investition; München; 1995; S. 49

intensivere Verknüpfung. Es kann also nicht davon gesprochen werden, dass bestimmte Methoden (z.B. statische) durch andere vollständig ersetzt werden (z.B. neuere dynamische Methoden). Dies liegt neben der Vielfalt der Entscheidungsprobleme auch an Informationen, welche durch die Entscheidungsträger besser zu interpretieren sind. Abbildung 8 gibt einen Überblick über die Gliederung der Investitionsrechnung und ihrer Verfahren. Zur Finanziellen Bewertung einzelwirtschaftlicher Investitionsprojekte zählen die Methoden der dynamischen und statischen Rechenverfahren. In Anlehnung an die Problemstellung dieser Arbeit, möchte der Verfasser an der Stelle diese beiden Methoden beleuchten.

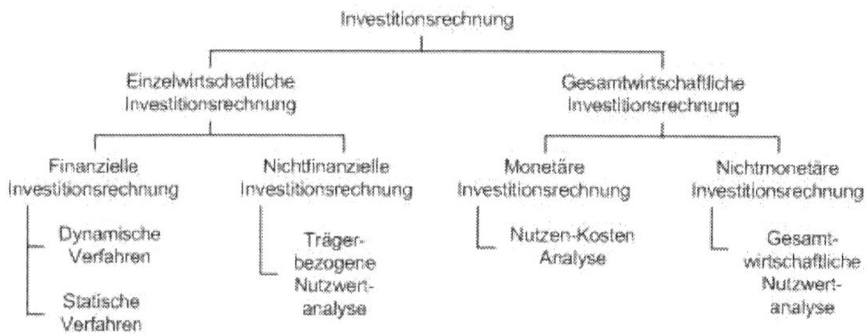

Abbildung 8: Gliederung der Investitionsrechenverfahren[43]

Die dynamischen Verfahren lassen sich in Vermögenswert- und Zinssatzmethoden einteilen. Vermögenswertmethoden basieren auf einem gegebenen Zinssatz und ermitteln den Zuwachs des Vermögens während der betrachteten Periode. Zu diesen Methoden zählen:

- Kapitalwertmethoden
- Vermögensendwertmethoden

Eine Zinssatzmethode geht hingegen von einem Zuwachs des Vermögens von Null aus und ermittelt den äquivalenten Zinssatz. Zu den Zinssatzmethoden zählen:

- Interne-Zinssatzmethode
- Sollzinssatz-Methode[44]

Bei den dynamischen Investitionsrechenverfahren werden mehrere Perioden betrachtet und die Zielstellungen nicht nur für eine Periode

[43] vgl. Blohm H., Lüder K.: Investition; München; 1995; S. 50
[44] vgl. Blohm H., Lüder K.: Investition; München; 1995; S. 55

definiert. Ziel des Investors kann z.B. das Einkommensstreben im Hinblick einer Gewinnmaximierung sein. Ein- und Auszahlungen bilden bei dieser Methode die zentrale Rechengröße.[45] Bei der Summe dieser Zahlungsvorgänge wird auch von einer Zahlungsreihe gesprochen. Dabei stehen Einzahlungen und Auszahlungen gleichbedeutend für Einnahmen bzw. Ausgaben. Alle Zahlungsvorgänge einer Periode lassen sich bei dynamischen Verfahren saldieren. Man erhält dadurch einen Überschuss an Einzahlungen oder Auszahlungen.[46]

Bei statischen Investitionsrechenverfahren gibt es keinen Zeitbezug von Ein- und Auszahlungen im Sinne einer Zahlungsreihe. Diese Verfahren orientieren sich an der Kostenminimierung oder einer Gewinn- und Renditemaximierung. Die statischen Verfahren der Investitionsrechnung lassen sich in einperiodige und mehrperiodige Verfahren unterteilen. Zu den mehrperiodigen Verfahren zählt die Amortisationsrechnung. Diese Methode liefert ein Ergebnis darüber, wann sich eine Investition bezahlt gemacht hat. Sind Ein- und Auszahlungen einer Investition nach einer bestimmten Periode ausgeglichen, so hat sich das Projekt amortisiert. Vorteilhaftigkeitskriterium für dieses Verfahren ist somit die Amortisationsdauer der investitionsalternativen. Einperiodige Verfahren betrachten dabei nur eine Periode bzw. ein Jahr als repräsentativen Bezugszeitraum. Zu ihnen zählen die Gewinn-, Kosten-, und Renditevergleichsrechnung.[47]

Schwachstellen von Investitionsrechenverfahren

Die Schwachstelle aller Investitionsrechenverfahren liegt in der Tatsache begründet, dass nicht alle Faktoren einer Investitionsentscheidung quantifizierbar sind. Das Ergebnis der gewählten Rechenmethode gibt somit nur Antwort auf einen Teilaspekt des Problems. Investitionsrechenverfahren sollen mit ihrem Ergebnis jedoch ein wesentliches Entscheidungskriterium liefern und Fehlinvestitionen vermeiden. Sollen Schwachstellen bei der Entscheidungsfindung erkannt werden, so ist es notwendig den gesamten Entscheidungsprozess transparent zu gestalten und zu hinterfragen.[48]

---

[45] vgl. Kruschwitz L.: Investitionsrechnung; München; 2003; S. 45
[46] vgl. Blohm H., Lüder K.: Investition; München; 1995; S. 55 f
[47] vgl. Kruschwitz L.: Investitionsrechnung; München; 2003; S. 31 f
[48] vgl. Blohm H., Lüder K.: Investition; München; 1995; S. 45

3. Qualitative Portfoliobewertung

Die folgenden Kapitel sollen mit Hilfe einer Methodik aus der Portfoliotechnik die Fragestellung klären, welche Strategie sich aus der qualitativen Betrachtung des Make-or-Buy-Problems ableiten lässt. Obwohl Portfoliotechniken allg. eine weite Verbreitung besitzen, so sind sie bei Fragestellungen hinsichtlich Eigenfertigung oder Fremdbezug eher selten anzutreffen. Der Grund liegt nach Ansicht des Verfassers in der schwierigen Bewertung und Vergleichbarkeit nicht monetärer Größen. Dies führt oft zu einer Entscheidungsgrundlage die nicht eindeutig ist und dadurch keine ausreichende Akzeptanz findet.
Alle bedeutsamen Größen, welche eine Make-or-Buy-Entscheidung beeinflussen, müssen nun aufgegriffen werden. Schneider stellt die Bedeutsamkeit einer systematisch aufgebauten Vorgehensweise anhand der von ihm dargestellten empirischen Befragungsergebnisse dar. Er weist dabei auf eine, seinen Befragungen entnommene, latent vorhandenen Orientierungslosigkeit vieler Unternehmen hin. Um diese verringern zu können, muss eine transparente Make-or-Buy-Methodik gefunden werden. Es wird, entsprechend der vom Verfasser gewählten Herangehensweise an die Problemstellung, eine Trennung in qualitative und quantitative Einflussgrößen vorgenommen.[49]

3.1. Zielsetzung

Ziel der hier gewählten qualitativen Bewertungsmethode ist, eine klare Aussage über die optimale Make-or-Buy-Strategie zu geben. Diese soll mit einer Darstellung der relativen Überlegenheit für die Strategie einer Eigenfertigung bzw. eines Fremdbezugs von Sägeabschnitten begründet werden. Es wird eine Aussage darüber getroffen, ob das betrachtete Make-or-Buy-Objekt als ein Kernprodukt des Unternehmens betrachtet werden kann. Stellt dass Objekt kein Kernprodukt im direkten Sinne dar, so ist jedoch zu klären, ob man von einer Vorstufe zum Kernprodukt sprechen kann. Somit führt dies auch zur Beurteilung, ob durch den Fremdbezug der Sägeabschnitte Kernfähigkeiten für das Unternehmen verloren gehen oder sich kritische Zustände auf nachfolgende Prozesse ergeben. „Make" oder

[49] vgl. Schneider D., Baur C., Hopfmann L.: Re-Design der Wertkette durch make or buy; Wiesbaden; 1994; S. 57

„Buy" müssen als Extrempunkte des vertikalen Integrationsgrades betrachtet werden. Es gibt dadurch ein großes Alternativspektrum an Kooperationsformen zwischen diesen beiden Punkten. Die vorgestellte Portfoliomethodik zeigt, in welche Richtung sich die Gestaltung der Bereitstellung orientieren muss. Es sollen weiterhin kritische Einflussgrößen herausgestellt werden, um auf diese gezielt einwirken zu können.

3.2. Qualitative Einflussgrößen und ihre Grunddimensionen

Für die vorliegende Make-or-Buy-Problemstellung hat der Verfasser die Portfolio-Grunddimensionen „strategische Relevanz" und „transaktionskostentheoretische Auslagerbarrieren" gewählt. Für das betrachtete Make-or-Buy-Objekt ist es wichtig herauszuarbeiten, wie stark sich eine Veränderung der Wertschöpfungstiefe hinsichtlich strategischer Gesichtspunkte auswirkt. Dabei spielen u.a. die Beeinflussung nachgestellter Wertaktivitäten sowie qualitative und logistische Veränderungen eine Rolle. Die Dimension der Transaktionskosten soll den (Mehr-)Aufwand bei Fremdbezug der Sägeabschnitte operationalisieren. Aus Abbildung 9 sind die ermittelten Einflussgrößen hinsichtlich Eigenfertigung oder Fremdbezug von Sägeabschnitten zu entnehmen. Zur besseren Darstellung und Strukturierung wird für den zu erstellenden Bewertungsbogen eine Gliederung der Faktoren vorgenommen.

Identifikation qualitativer Einflussgrößen	
Technische / organisatorische Umsetzbarkeit	Notwendigkeit spezifischer Maschinen / Werkzeuge
Beschaffungsmarktsituation	Verfügbarkeit spezifischer Maschinen / Werkzeuge
Informationskosten	Durchlauf- / und Wiederbeschaffungszeiten
Aufwand für Lieferantenvergleich	Flexibilität und Reaktionszeit
Schutzbedürftigkeit des Know-Hows	Änderungsintensität der Fertigungsprozesse
Verhandlung und Vertragsabschluss	Variantenvielfalt
Qualitätsspezifizierung	Prozess-Know-How
Rechtssicherheit und /-beratung	Verbauort
Vereinbarung von Verfahren und Klauseln	Einarbeitungsaufwand des Lieferanten
Gesamtqualität	Internes Know-How / Erfahrung
Qualitätsüberwachung	Externe Verfügbarkeit von Know-How
Kontrollkosten für Verträge	Synergien / Erfahrungskurveneffekte
Überwachung der Geheimhaltungsvereinbarung	Strategische Bedeutung
Koordinations- und Abstimmaufwand	Marktpotential
Nachfragesituation /-entwicklung	Qualitätssituation
Innovativität	Adaptierbarkeit
Vertragsänderungen	Konkurrenzgefahr
Schutzgebühren	Kostensituation
Aufwand bei Lieferantenwechsel	Verbrauchsvolumen
Sachkenntnis der Mitarbeiter	Know-How-Verlustrisiko
Komplexität der Arbeitsgänge	

Abbildung 9: Identifikation qualitativer Einflussgrößen auf die Problemstellung

Die Einflussgrößen werden in die folgenden 5 Ebenen untergliedert:

- Anbahnung / Beschaffung
- Vereinbarung
- Kontrolle
- Anpassung / Abstimmung
- Umsetzung / Leistungserstellung

Eine Gliederung nach diesen Ebenen wurde zweckmäßig in Anlehnung an den Ablauf einer Transaktion vorgenommen. Um eine differenzierte Gewichtung der einzelnen Größen vornehmen zu können, hat sich der Verfasser dazu entschieden, mit Hilfe von Präferenzgrößen eine individuelle Bewertung zu ermöglichen. Die Präferenzgrößen des Unternehmens können dabei auch als übergeordnete Einflussgrößen verstanden werden, wobei die Vielzahl der identifizierten Einzelfaktoren diesen untergeordnet wird. Als zweckmäßige Präferenzgrößen wurden hierbei die *Qualität*, die *Kosten / Preise* sowie die *Innovativität* und die *Logistikleistung* festgelegt.

3.3. Aufbau des Make-or-Buy-Bewertungsbogens

Die im vorangegangenen Kapitel zusammengetragenen Einflussgrößen müssen nun in einen Bewertungsbogen übertragen werden. Um Missverständnisse bei der Expertenbefragung zu vermeiden, müssen die Einflussfaktoren nun eindeutig und im richtigen Kontext ausformuliert werden. Die ausformulierten Statements dürfen möglichst wenig Interpretationsspielraum bieten und müssen präzise getroffen werden. Die Formulierung der Aussagen bezieht sich auf die Wertaktivität. In diesem Zusammenhang versteht sich darunter der eigentliche Prozess des Zuschnitts sowie der Sägeabschnitt als Make-or-Buy-Objekt. Dies dient der einfachen Verständlichkeit, da sich in dem Kontext ein Teil der getroffenen Aussagen sowohl auf die Leistung als auch auf das Objekt beziehen lassen. Da es eine eindeutige Trennung zwischen dem Make-or-Buy-Objekt und der Wertaktivität im Rahmen der Wertschöpfung gibt, darf es zu keinen Fehlinterpretationen kommen.
Dem in Anlage 2 dargestellten Make-or-Buy-Scoring sind nun die Präferenzgrößen und Dimensionen des Portfolios zugeordnet. Um die

Bewertung möglichst effizient zu gestalten, wurde die Abfrage mit Hilfe einer Tabellenkalkulation aufgebaut. Es wurde dabei auf eine frei wählbare Einstufung Wert gelegt. Es sollen übertriebene digitale Ergebnisse vermieden werden. Auf einer Skala kann dabei das Scoring des Statements durch einen Schieberegler frei gewählt werden. Die Abstufungen reichen von voller Zustimmung bis zu voller Ablehnung. Durch die Bewertung der vier Präferenzgrößen (Qualität, Kosten / Preis, Innovativität, Logistikleistung), kann eine Gewichtung vorgenommen werden. Dabei setzt der Befragte die Priorität entsprechend seinem Fachbereich bzw. seiner Sichtweise auf das Make-or-Buy-Objekt.

Die Bewertung wird in diesem Zusammenhang vergleichend vorgenommen. Dies bedeutet, dass nicht allen Präferenzgrößen die gleiche Wertigkeit beigemessen werden kann. Es soll eine, aus der jeweiligen Perspektive heraus, vergleichende Priorität festgelegt werden. Den einzelnen Bewertungen der Einflussgrößen ist diese Priorität durch einen Faktor hinterlegt. Um den Aufbau und die Punktevergabe an einem Beispiel nachvollziehbar zu machen, findet sich in Anlage 3 das zugehörige Rechenmodell. Dieser Rechnung wird je nach Auswertung, die Punktebewertung der einzelnen Bewertung entnommen. Durch den Schieberegler wird die Punktzahl im Feld Bewertung (1) bestimmt. Diese reicht von 0 für volle Zustimmung bis 1000 für volle Ablehnung des Statements. Jeder Aussage ist eine Präferenzgröße (2) hinterlegt. Diese wird durch die beigemessene Priorität (3) festgelegt. Die Punktzahl des Reglers reicht ebenfalls von 0 bis 1000. Es erfolgt eine Umrechnung dieser Punkte in einen Faktor (4) von 0 bis 2. Aus diesen Komponenten des Scorings wird die Bewertungspunktzahl (5) gebildet. Die Punktzahl ist 0, wenn sich der Schieberegler eines Statements in der Mitte der Skala befindet. Bei voller Zustimmung bzw. voller Ablehnung der Aussage kann eine maximal mögliche Ausprägung von 1000 bzw. -1000 Punkten erreicht werden. Dies ist weiterhin abhängig von der Punktzahl der Präferenzgröße bzw. deren Faktor.

<u>Beispiel:</u>

Statement: „Hohe Bedeutsamkeit der Gesamtqualität der Wertaktivität"

Präferenzgröße: Qualität (Q)

Faktor: 1,808

Punktzahl: 37

Bewertungspunktzahl:

$$(500 - Punktzahl) * Faktor = (500 - 37) * 1{,}808 = \underline{\underline{837{,}1}}$$

3.3.1. Bildung des Make-or-Buy-Expertenteams

Eine sinnvolle Auswahl der Teammitglieder ermöglicht eine aussagekräftige Bewertung zu Veränderungen in der Wertkette. Es werden verschiedene Hierarchieebenen und Organisationseinheiten eingebunden. Dadurch soll eine verstärkte Beeinflussung von einzelnen Ressortinteressen vermieden werden. Nach Schneider sollten Make-or-Buy-Teams cross-functional bezogen auf ihre Abteilungszugehörigkeit sowie heterogen im Hinblick auf ihre Qualifikationen sein.[50] Es soll für die vorliegende Arbeit eine ausreichend breite Entscheidungsbasis und eine intern hohe Tragfähigkeit der Bewertung geschaffen werden. Das Team wird hierzu aus acht Mitgliedern unterschiedlicher Positionen im Unternehmen gebildet. Bei jeder der Positionen soll eine fachbezogene Verbindung zum Make-or-Buy-Objekt bestehen. Es sollen gezielt kritische Größen der organisatorischen Bereiche erfasst werden. Folgende Organisationseinheiten wurden in die Befragung einbezogen:

- Mechanische Fertigung
- Qualitätsmanagement
- Strategischer Einkauf
- Auftragsdisposition
- Finanzen / Controlling

3.3.2. Durchführung und Verdichtung der Bewertungen

Vor der Bearbeitung der Bewertungstabelle durch das Make-or-Buy-Team, wird ein einführendes Gespräch zum Thema geführt. Dabei werden Zielstellungen der Befragung sowie die Verwendung der Ergebnisse offen kommuniziert. Nach dem Abschluss der Expertenbefragung werden die in Anlage 3 ermittelten Punktwerte jeder einzelnen Bewertung in der jeweiligen Auswertung verdichtet. Für das aus diesen Bewertungspunkten zu erstellende qualitative Portfolio, muss in einem nächsten Schritt eine

[50] vgl. Schneider D., Baur C., Hopfmann L.: Re-Design der Wertkette durch make or buy; Wiesbaden; 1994; S. 121 f

Umrechnung der Punkte auf die jeweiligen Skalen erfolgen. Die vom Verfasser gewählten Skalenbereiche für das qualitative Portfolio, reichen für jede der beiden Grunddimensionen von 0 bis 100 Punkten. Eine Umrechnung erfolgt anhand der maximal erreichbaren Punktzahl jeder der Dimensionen in der Scoring-Abfrage. Die berechnete Punktzahl kann so im Portfolio abgetragen werden.

Für die Ermittlung der qualitativen Make-or-Buy-Überlegenheit wurden die Ergebnisse der Expertenbefragung ebenfalls verdichtet. Auch hier müssen die Punktwerte umgerechnet werden, um eine relative Überlegenheit für Eigenfertigung oder Fremdbezug zu erhalten. Diese Umrechnung erfolgt hier in eine relative Überlegenheit. Es wird errechnet, wie hoch die Differenz zwischen den Punktwerten für „Make“ und „Buy“ ist. Diese ergibt in Relation zum maximal erreichbaren Punktewert die relative Überlegenheit für eine der beiden Strategien. Bei dieser Auswertung wird darauf verzichtet die Einflussgrößen wie bei der Portfoliomethode nach den Dimensionen zu trennen. Von Interesse ist hier, entsprechend der Fragestellung zur Einflussgröße, nur die Ausprägung hinsichtlich Eigenfertigung oder Fremdbezug.

3.4. Ableitung des qualitativen Portfolios

Die in dem vorangegangenen Kapitel verdichteten Bewertungen werden nun in das qualitative Portfolio überführt. Dieses wird dabei anhand der zwei festgelegten Grunddimensionen aufgespannt. In Abbildung 10 ist ein solches Portfolio dargestellt.

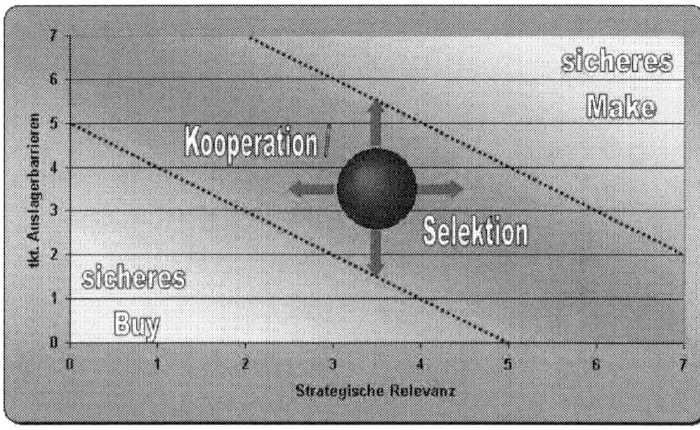

Abbildung 10: Erweitertes Make-or-Buy-Portfolio[51]

Durch das Portfolio wird ermöglicht, das Alternativspektrum zwischen den beiden Extrempolen zu bilden. Diese Alternativen stehen für unterschiedliche Kooperationsstrategien. Innerhalb dieses Portfolios gibt es meist eine Wanderstrecke für das betrachtet Make-or-Buy-Objekt. Im Produktlebenszyklus durchläuft das Objekt typischerweise eine Wanderung von einer „Make" zu einer „Buy"-Strategie. Dies liegt in den sinkenden Auslagerbarrieren bzw. der abnehmenden Relevanz der Produkte für das Unternehmen.[52]

Das aus dieser Grundbetrachtung abgeleitete Portfolio zeigt sich in Abbildung 11. Hier werden in einer ersten Betrachtung die Einzelbewertungen durch das Make-or-Buy-Expertenteam dargestellt. Es ist klar zu erkennen, dass eine gewisse Streuung der Bewertungen vorliegt. Die Verteilung der Streuung liegt jedoch in einem vergleichsweise engen Bereich des Portfolios.

[51] vgl. Schneider D., Baur C., Hopfmann L.: Re-Design der Wertkette durch make or buy; Wiesbaden; 1994; S. 99

[52] vgl. Schneider D., Baur C., Hopfmann L.: Re-Design der Wertkette durch make or buy; Wiesbaden; 1994; S. 97

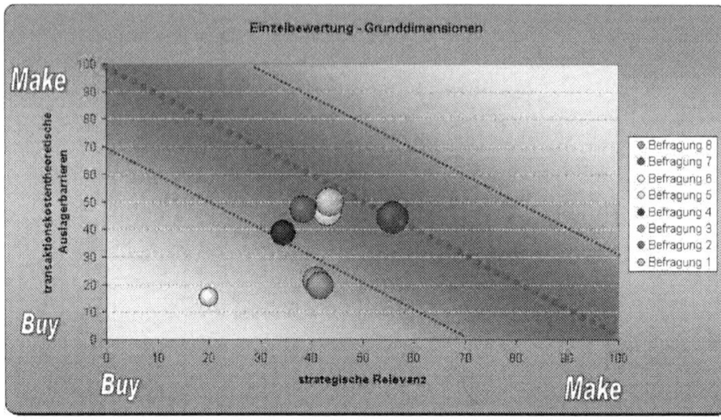

Abbildung 11: Make-or-Buy-Einzelbewertungen - Grunddimensionen

Die Sägeabschnitte besitzen eine mittlere bis geringe strategische Relevanz für die jeweiligen Fachbereiche. Der Abbildung 11 ist zu entnehmen, dass der Fremdbezug der Teile nicht vollkommen unkritisch bzw. die strategische Relevanz vollkommen unwichtig ist. Eine Bewertung stuft diese Dimension als besonders niedrig ein. Bezogen auf die zu erwartenden Transaktionskosten bei Fremdbezug, lassen sich zwei generelle Aussagen ableiten. Es werden keine hohen Kosten bei Übernahme der Wertaktivität durch einen externen Zulieferer erwartet. Der Abstimm- und Dispositionsaufwand mit dem Lieferanten wird als eher gering angesehen. Die Streuung der Ergebnisse weist auf sehr geringe bis mittlere Auslagerbarrieren für die Sägeabschnitte hin. Für die strategische Bedeutung der Teile lässt sich ebenfalls eine Tendenz zum Fremdbezug der Sägeabschnitte erkennen.

Führt man diese Einzelauswertungen in einem weiteren Schritt zusammen, so lässt sich die in Abbildung 12 dargestellte Verteilung konstruieren. Hierbei wird die durchschnittliche Bewertung der Aussagen durch das Team wiedergegeben. Dem Make-or-Buy-Objekt kann vorerst keine eindeutige Strategie für ein sicheres „Buy“ zugesprochen werden. Sägeabschnitte weisen keine stark ausgeprägte strategische Bedeutung für das Unternehmen auf. Jedoch gibt es kritische Einflussgrößen, welche die Tendenz zu einem sicheren Fremdbezug abschwächen.

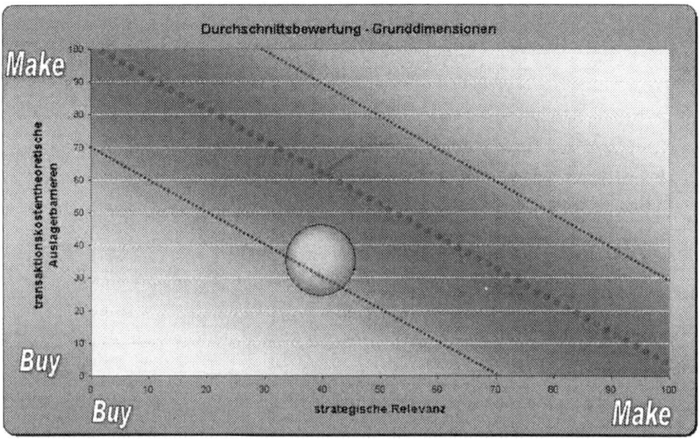

Abbildung 12: Make-or-Buy-Durchschnittsbewertung - Grunddimensionen

Die Sägeabschnitte sind wichtiger Versorgungsbaustein für nachfolgende Prozesse. Der eher allgemeinen Darstellung in Abbildung 12 müssen gezielt kritische Größen und Hebelfaktoren entnommen werden. Auf diese wird in Kapitel 3.6 genauer eingegangen.

3.5. Ableitung der qualitativen Make-or-Buy-Überlegenheit

Für die im vorangestellten Abschnitt betrachtete Portfoliobewertung, wird nun eine relative Überlegenheit ermittelt. Diese wird allerdings nicht für die bereits bekannten Grunddimensionen erhoben, sondern ausschließlich für eine eindeutige Handlungsstrategie hinsichtlich Make-or-Buy.

Entsprechend der maximal erreichbaren Punktzahl der Scoring-Bewertung, ergibt sich die jeweilige Ausprägung als messbare Größe. Für das betrachtete Make-or-Buy-Objekt ergibt sich danach (vgl. Abbildung 13) eine Überlegenheit von 23,52 % für die Strategie des Fremdbezugs.

Qualitative Überlegenheit / Messung durch Scoring		
Make-or-Buy-Objekte	Summen Punktwerte	
	Make	Buy
Halbfertigteile	1.462,46	11.105,23
absolute Überlegenheit		9.642,77
erreichbare Punktzahl	41.000	
relative Überlegenheit		23,52%

Abbildung 13: Qualitative Überlegenheit

Die hier gewonnene Aussage fließt zusammen mit der noch zu ermittelnden quantitativen Überlegenheit in die Gesamtbetrachtung am Ende dieser Arbeit ein.

3.6. Betrachtung kritischer Einflussgrößen

Durch Anwendung der Portfoliotechnik, lassen sich grundlegende Aussagen entsprechend der gewählten Dimensionen treffen. Jedoch lassen sich bei der Vielzahl der betrachteten Einflussgrößen, keine einzelnen Faktoren im Portfolio herausgreifen und bewerten. Im folgenden sollen Hebelfaktoren herausgestellt werden, welche durch ihre besonders starke Ausprägung das gewonnene Ergebnis beeinflussen. Obwohl eine Tendenz zu einem Fremdbezug der Sägeabschnitte erkennbar war, sind kritische Einflüsse vorhanden, die eine Strategie überdurchschnittlich stark zu Eigenfertigung bzw. Fremdbezug treiben. Es werden alle Einflussgrößen der Grunddimension „strategische Relevanz" mit der entsprechenden Ausprägung dargestellt (vgl. Abbildung 14 i.V.m. Abbildung 15). Herausgegriffen werden Faktoren mit einer signifikant starken Ausprägung für Eigenfertigung bzw. Fremdbezug. Als einen der wesentlichen Treiber in Richtung „Make" zeigt sich die Gesamtqualität. Dieser wird eine überdurchschnittlich hohe Bedeutung beigemessen. Dies lässt sich aus den nachfolgenden Fertigungsschritten ableiten, welche die Sägeabschnitte durchlaufen. Die Gesamtqualität der Sägeteile wird vom Verfasser als kritische Größe in Richtung Eigenfertigung angesehen, da der intern geforderte Qualitätsanspruch bereits ausreichend dokumentiert und bekannt ist. Die interne Nachfrage nach den betrachteten Halbfertigteilen ist stark schwankend und muss auch kurzfristig schnell bedient werden können. Ein wesentlicher Hebelfaktor in Richtung

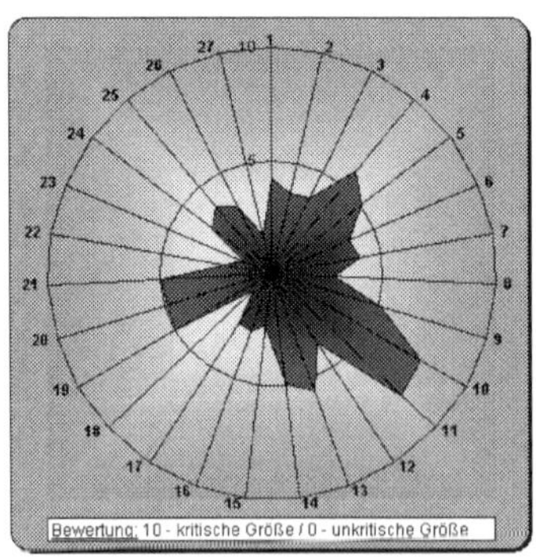

Abbildung 14: Kritische strategische Einflussgrößen

1	Fremdbezug der Wertaktivität wäre technisch / organisatorisch schwer möglich bzw. umsetzbar
2	Für die Wertaktivität gibt es keine / wenige externe Lieferanten
3	Das erforderliche Know-How ist schutzbedürftig
4	Hohe Bedeutsamkeit der Gesamtqualität der Wertaktivität
5	Wertaktivität unterliegt einer stark schwankenden Nachfrage
6	Wertaktivität hat eine hohe Innovativität
7	Hohe Sachkenntnis der Mitarbeiter erforderlich
8	Arbeitsgänge sind sehr komplex / anspruchsvoll
9	Es sind spezifische Instrumente / Werkzeuge / Maschinen notwendig
10	Es muss mit höheren Durchlauf- bzw. Lieferzeiten bei externem Bezug gerechnet werden
11	Ein externer Bezug der Wertaktivität wäre mit sinkender Flexibilität und steigenden Reaktionszeiten verbunden
12	Hohe Änderungsintensität (der Fertigungsprozesse) gegeben
13	Hohe Variantenvielfalt der Wertaktivität
14	Spezifisches Prozess-Know-How erforderlich
15	Wertaktivität ist technologisch zwingend am Verbauort zu erbringen
16	Wir haben größere Erfahrung als potentielle Lieferanten
17	Nötige Instrumente / Werkzeuge sind bei anderen Firmen nicht verfügbar
18	Nötiges Know-How ist bei anderen Firmen nicht verfügbar
19	Es sind keine nennenswerten positiven Synergien / Erfahrungskurveneffekte bei externem Bezug erzielbar
20	Wertaktivität ist von besonderer Bedeutung für unser Unternehmen / strategisch bedeutsam
21	Wertaktivität ist wachstumsträchtig vom Profit
22	Wertaktivität hebt uns qualitativ positiv von unseren Mitbewerbern ab
23	Wertaktivität wäre nur schwer von anderen Unternehmen adaptierbar
24	Zulieferer könnte sich bei nachfolgenden Prozessen / Wertaktivitäten zu einem Konkurrenten entwickeln
25	Wertaktivität wird von uns kostengünstiger erbracht
26	Wertaktivität hat ein konstant hohes Verbrauchsvolumen im Unternehmen / bzw. wird oft gebraucht
27	Hohes Know-How-Verlustrisiko

Abbildung 15: Übersicht strategischer Einflussgrößen

Eigenfertigung ist die Lieferzeit bei externem Bezug der Sägeabschnitte. Entsprechend der Befragung muss mit stark erhöhten Wiederbeschaffungszeiten gerechnet werden. Dies spiegelt sich in steigenden Reaktionszeiten in der mechanischen Fertigung wieder und wird mit einer signifikant sinkenden Flexibilität in Verbindung gebracht. Die Variantenvielfalt der Sägeteile wurde als hoch eingestuft. Dies kann in Zusammenhang mit der abnehmenden Flexibilität bei Fremdbezug gesehen werden, da intern durch kurze Reaktionszeiten der Vielfalt bisher begegnet werden kann. Auch sind für die betrachtete Wertaktivität spezielle Maschinen und Werkzeuge notwendig.

Aufgrund der als sehr gering bewerteten Komplexität der durchzuführenden Arbeitsgänge, bildet diese Größe einen Hebelfaktor in Richtung einer Buy-Strategie. Bezogen auf den Fertigungsprozess haben wir keine größere Erfahrung als potentielle Lieferanten. Das nötige Know-how ist bei anderen Unternehmen verfügbar und wir heben uns qualitativ nicht positiv von ihnen ab. Diese Aussagen werden mit einem sehr geringen Know-how-Verlustrisiko hinterlegt, da der Arbeitsgang „Metallzuschnitt“ auch problemlos von anderen Unternehmen adaptierbar ist. Für die betrachtete Wertaktivität sind spezielle Maschinen und Werkzeuge notwendig, welche jedoch bei spezialisierten Lohnsägereinen verfügbar sind. Bei der Bewertung der tkt. Einflussgrößen haben die Kosten für eine Qualitätsspezifizierung treibende Wirkung in Richtung „Make“. Da die

Gesamtqualität ein wesentliches Entscheidungskriterium darstellt, werden auch die damit verbunden Kosten als erhöht eingestuft (vgl. Abbildung 16 i.V.m. Abbildung 17). Es werden danach umfangreiche Vereinbarungen (Toleranzen, Prüfung, etc.) gegenüber dem Zulieferer als notwendig angesehen. Auch muss bei Fremdbezug mit einem verstärkten Koordinations-

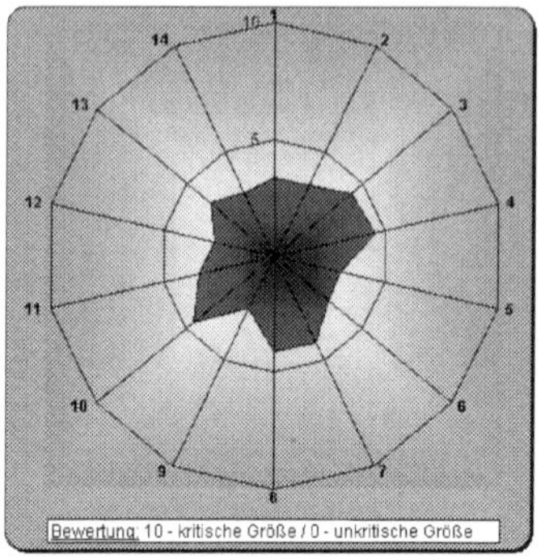

Abbildung 16: Kritische tkt. Einflussgrößen

1	Aufwendige Branchenanalyse notwendig / hohe Informationskosten
2	Umfangreicher und aufwendiger Lieferantenvergleich nötig
3	Hoher Kostenfaktor für Verhandlung und Vertragsabschluss
4	Umfassende bzw. kostenintensive Qualitätsspezifizierung der Wertaktivität nötig
5	Hoher Kostenfaktor für Rechtssicherheit und /-beratung
6	Hoher Kostenfaktor für Vereinbarung von Verfahren und Klauseln
7	Es ist eine umfangreiche und komplexe Qualitätsüberwachung notwendig
8	Hohe Kontrollkosten für Verträge
9	Hohe Kosten für Überwachung der Geheimhaltungsvereinbarung
10	Hoher Koordinations- und Abstimmaufwand aller Beteiligten
11	Hohe Kosten für Vertragsveränderungen
12	Hohe Schutzgebühren notwendig
13	Hohe zu erwartende Kosten bei Lieferantenwechsel
14	Hoher Einarbeitungsaufwand des Lieferanten bei Übernahme der Wertaktivität

Abbildung 17: Übersicht transaktionskostentheoretischer Auslagerbarrieren

und Abstimmaufwand aller Beteiligten gerechnet werden. Dieser Mehraufwand ergibt sich hauptsächlich aus der Abstimmung der einzelnen Prozesse entlang der logistischen Kette.

3.7. Zwischenfazit der Untersuchung

Das durch die qualitative Untersuchung gewonnene Ergebnis zeigt, das die Sägeabschnitte als Make-or-Buy-Objekt bzw. der Arbeitsgang keine stark ausgeprägte strategische Relevanz für das Unternehmen aufweist. Im Hinblick auf eine strategische Ausrichtung, liegt eine Überlegenheit für Fremdbezug vor. Dafür sprechen neben der geringen Komplexität der Arbeitsgänge sowie der Sägeteile selbst, auch das verfügbare Know-how und die Erfahrung potentieller Lieferanten. Bei Eigenfertigung der Sägeteile ist kein qualitativer Vorsprung erzielbar. Die Arbeitsprozesse in der Abteilung Metallzuschnitt sind problemlos imitierbar, dadurch könnte dieser Arbeitsgang bei Bedarf erneut integriert werden. Durch ein geringes Know-

how-Verlustrisiko besteht keine Gefahr, methodische Kompetenz langfristig zu verlieren.
Es gelingt nicht, sich allein durch die Wertaktivität „Metallzuschnitt" von anderen Unternehmen positiv abzugrenzen. Der wesentliche Beitrag zum verspürten Kundennutzen des Produktes wird nicht mit diesem Arbeitsgang geschaffen. Der betrachtete Arbeitsgang allein stellt keine Kernkompetenz bzw. -fähigkeit im Bereich der mechanischen Fertigung und des Unternehmens dar. Nach Betrachtung kritischer Einflussgrößen wird jedoch erkennbar, dass der Arbeitsgang ein wichtiger Baustein in der Wertschöpfungskette des Unternehmens ist. Nahezu alle nachfolgenden Arbeitgänge in der mechanischen Fertigung stehen in direkter Verbindung mit dem Make-or-Buy-Objekt. Die Kernkompetenzen des Unternehmens und die daraus entstehenden Kernprodukte werden durch die Eigenschaften der Sägeteile entscheidend beeinflusst.
Bei Fremdbezug der Sägeabschnitte spielt somit die bereits hervorgehobene Gesamtqualität eine wesentliche Rolle. Nur für beide Seiten klare Vereinbarungen stellen eine erfolgreiche Buy-Strategie sicher. Es muss kommuniziert werden, welche weiteren internen Fertigungsschritte spezifische Anforderungen an das Make-or-Buy-Objekt stellen. Es muss ein Belieferungskonzept bzw. Logistikkonzept gefunden werden, welches bei einer ausreichenden Flexibilität eine sinnvolle Wiederbeschaffungszeit sowie geringe Reaktionszeiten garantiert. Durch eine sinkende Variantenvielfalt kann die intern als stark schwankend definierte Nachfrage harmonisiert werden. Durch Bildung von Teilefamilien ist es möglich, Schwankungen in bestimmtem Umfang auszugleichen und positiv Einfluss auf die Flexibilität zu nehmen. Die im Rahmen dieser ersten Untersuchung bewerteten Kosten für Vereinbarung, Kontrolle und Abstimmung mit dem Zulieferer, sprechen für einen Fremdbezug der Teile. Es konnten keine Koordinationskosten identifiziert werden, welche durch ihre zu erwartende Höhe als kritisch einzustufen sind.

4. Quantitative Portfoliobewertung

Wie die qualitative, so mündet auch die quantitative Betrachtung von Einflussgrößen in ein Überlegenheits-Portfolio. Hierbei besteht das Kernproblem jedoch nicht darin, abstrakte Größen messbar zu machen. Vielmehr muss eine Kostenbetrachtung in sinnvoller Form aufgestellt werden. Der Verfasser hat sich entschlossen, eine geeignete kostenrechnerische Methode unter kritischer Berücksichtigung einzelner Kostenbausteine in die Arbeit einfließen zu lassen. Relevante Kosten für Eigenfertigung und Fremdbezug sollen möglichst manipulationsfrei verglichen werden. Die Ermittlung entscheidungsrelevanter Kosten stellt sich, aufgrund der Komplexität, als eine sehr umfassende Betrachtung dar. Es wird auf alle wesentlichen Schritte zur Datenermittlung eingegangen und der Rechenweg möglichst transparent gestaltet.

4.1. Zielsetzung

Ziel dieses Kapitels ist es, in einem ersten Schritt die kostenoptimale Investitionsalternative zu ermitteln. Im Anschluss daran soll Aufschluss über die Stückkosten der betrachteten Halbfertigteile entsprechend den Bereitstellungsalternativen gegeben werden. Es wird entsprechend den durchschnittlichen Stückkosten eine Überlegenheit für eine Make-or-Buy-Strategie aus quantitativer Sicht ermittelt.

4.2. Bereitstellungsalternativen

Die Bereitstellungsalternativen sind im Kontext der Arbeit als Alternativen hinsichtlich Eigenfertigung und Fremdbezug der Sägeteile zu verstehen. Bei Eigenfertigung erfolgt die Bereitstellung intern durch die Sägerei als Bereich der mechanischen Fertigung. Bei dieser Strategie wird das bisherige Layout der Abteilung weiter genutzt bzw. entsprechend einem optimalen Materialfluss angepasst. Der Maschinenpark wird weiterhin in Anspruch genommen, dadurch ist eine Ersatzinvestition in einen Kreissägeautomaten notwendig. Der Bandsägeautomat kann weiterhin für kleine bis mittlere Losgrößen genutzt werden.

Ein Fremdbezug bezieht sich auf die verstärkte bzw. vollständige Belieferung durch eine Lohnsägerei mit Halbfertigteilen. Bei dieser

Alternative besteht durch interne Vorgaben nur die Möglichkeit eines Single Sourcing. Ein externer Partner als Lohnsäger ist für diese Strategie bereits gegeben. Eine Handlungsstrategie kann, entsprechend einer optimalen Kooperation, Bestandteile beider Bereitstellungsalternativen verknüpfen.

4.3. Bestandsanalyse

Die Analyse der Lagerbestände für den Bereich Metallzuschnitt erfolgt anhand der Kennzahlen des internen PPS-Systems. Die Betrachtung der Bestandssituation richtet sich an dem 1. Quartal 2008 aus. Dieser Zeitraum spiegelt eine ausreichend hohe Genauigkeit hinsichtlich Schwankungen und Trends wieder. Der Lagerbestand wurde ausgehend von den 357 geführten Profilarten bereinigt. Alle Rohteile haben eine Standardausgangslänge von 3000 mm (+/- 15% Toleranz). Profile ohne Lagerbestand und Verbrauch innerhalb des Quartals wurden nicht in die Betrachtung einbezogen. Das Verbrauchsvolumen ist im PPS-System in Metern [m] geführt und wird deshalb nach dieser Größe bewertet. Um eine detaillierte Analyse zu ermöglichen, wurde die reine Bestandsabfrage um wesentliche Größen erweitert. Der gesamte Lagerbestand an Stangenmaterial setzt sich aus den Werkstoffbereichen Aluminium sowie Kupfer- und Edelstahllegierungen zusammen. Weiterhin ist ein sehr geringer Anteil an Kunststoffen / Elastomeren vorhanden.

Die in Anlage 4 dargestellte Übersicht gibt Aufschluss über die geometrischen Abmessungen der Schnittflächen mit dem höchsten Verbrauchsvolumen. Ergebnisse aus dieser Analyse fließen in das Maschinenanforderungsprofil ein. Weiterhin bilden die Werte die Grundlage variabler Bestandteile der Kostenvergleichsrechnung.

4.3.1. ABC-Analyse

Der Verfasser nimmt nun eine Kategorisierung des Lagerbestandes vor und teilt diesen in A, B und C-Artikeln ein. Es soll sichergestellt werden, dass die Aufmerksamkeit auf bestimmte Artikel stärker konzentriert wird. Typischerweise wird der wertmäßige Anteil der Artikel am Umsatz ermittelt und somit nach wichtig / unwichtig getrennt.[53] In der vorliegenden Betrachtung wird eine Trennung der Stangenprofile nach ihrem

[53] vgl. Stölzle W., Heusler K. F., Karrer M.: Erfolgsfaktor Bestandsmanagement; Zürich; 2004; S. 54

Verbrauchsvolumen vorgenommen und nicht nach Umsatzanteil. Diese Abwandlung wurde notwendig, da bei Kapazitätsbetrachtungen der Abteilung Sägerei das Sägevolumen die kritische Bezugsgröße darstellt. In Anlehnung an die Lagerbestandsbewertung nach ABC-Kriterien wurde die in Abbildung 18 dargestellte Schrittfolge eingehalten.[54]

Vorgehensweise zur ABC-Analyse	
1	Durchschnittl. Verbrauchsvolumen pro Monat je Artikelnummer erfassen
2	Anteil der einzelnen Artikelnummern am Gesamtvolumen pro Monat in % bestimmen
3	Rangfolge der Artikel nach Verbrauchsvolumen bestimmen
4	Sortieren der Artikel nach Rang und Berechnung der kumulierten Volumenanteile
5	Ermitteln der relativen Teilemenge in %
6	Klassifizierung der Artikel nach ABC - Kriterien

Abbildung 18: Vorgehensweise zur ABC-Analyse

Die graphische Darstellung der Analyse erfolgt anhand einer Lorenzkurve (vgl. Abbildung 19). Hierbei ist die oben beschriebene Verteilung dargestellt und die relative Teilemenge der einzelnen Kategorien erkennbar. Stangenmaterial der Kategorie A hat bei geringer Anzahl an Profilen einen sehr hohen Verbrauchsanteil. Dieser beträgt bei 6 Profilarten 72,25%.

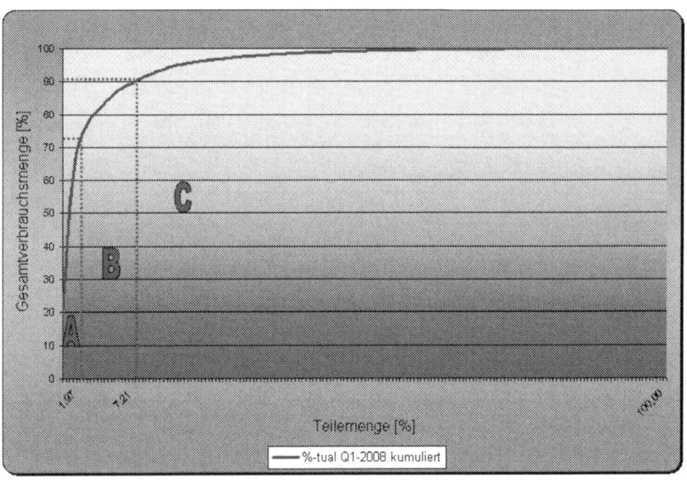

Abbildung 19: ABC-Analyse mit Lorenzkurve

Bei Material der Klasse C handelt es sich um Profile, die bei einer hohen Vielzahl an Teilen einen sehr geringen Anteil am Verbrauchsvolumen besitzen. Den 283 Materialprofilen steht ein Verbrauchsanteil von 9,82%

[54] vgl. Melzer-Ridinger R.: Supply Chain Management; München; 2007; S. 121

gegenüber. Profilarten der Kategorie B besitzen bei 16 Rohteilen einen Anteil von 17,92% am Gesamtverbrauch.

4.3.2. XYZ-Analyse

Eine differenzierte Bewertung der Lagerbestandsartikel wird mit Hilfe einer XYZ-Analyse ermöglicht. Hierbei erfolgt, wie bei der ABC-Analyse, eine Einteilung aller Profilarten in 3 Kategorien. Durch Betrachtung des Verbrauchsverlaufes der einzelnen Rohteile, wird deren Bedarfsschwankung innerhalb der Periode erfasst. Daraus lässt sich eine Regelmäßigkeit für zukünftige Bedarfe ableiten. Die Einteilung erfolgt in die Bereiche X, Y und Z. Stölzle teilt den XYZ-Kategorien folgende Eigenschaften zu:

- **X-Artikel:** Regelmäßiger / schwankungsloser Bedarfsverlauf
  Sehr große Vorhersagegenauigkeit

- **Y-Artikel:** Saisonale Schwankungen
  Mittlere Vorhersagegenauigkeit

- **Z-Artikel:** Stark schwankender Bedarfsverlauf
  Geringe Vorhersagegenauigkeit

Die Genauigkeit einer Vorhersage richtet sich stark an dem zugrunde liegenden Schwankungskoeffizienten bzw. Störpegel aus. Dieser gibt an, wie groß die Bedarfsschwankungen von Bezugsperioden zueinander sind. Die Regelmäßigkeit des Bedarfes nimmt mit steigendem Störpegel ab. Dadurch wird es zunehmend schwieriger, eine Aussage über den zukünftigen Bedarf eines Gutes zu treffen.[55] Die hier eingearbeitete XYZ-Analyse bedarf, anders als die ABC-Analyse, keiner besonderen Anpassung an die Problemstellung. Daher wurde die Kennzahl aus dem PPS-System übernommen und der Lagerbestand entsprechend kategorisiert. Die Bewertungsgrundlage bildet der Bedarfsverlauf bzw. die Vorhersagegenauigkeit der Lagerabgänge des Materials. Die getroffenen Festlegungen und entsprechenden Bedingungen zur Klasseneinteilung sind Abbildung 20 zu entnehmen.

[55] vgl. Stölzle W., Heusler K. F., Karrer M.: Erfolgsfaktor Bestandsmanagement; Zürich; 2004; S. 56

Festlegung zur Einteilung der XYZ-Kategorien			
XYZ-Kategorie	Bedingungen		Bedarf
X	NPA < 0,4	SP < 0,5	regelmäßig
Y	NPA < 0,4	SP > 0,5	unregelmäßig
Z	NPA > 0,4	-	sporadisch

Abbildung 20: Festlegung zur Einteilung der XYZ-Kategorien

Es erfolgt bei der Berechnung eine gleitende Betrachtung der letzten 12 abgeschlossenen Monate. Zur Ermittlung wird der Nullperiodenanteil sowie der Störpegel herangezogen. Der Nullperiodenanteil gibt das Verhältnis der Perioden ohne Bedarf zur Gesamtheit der Perioden an.

4.3.3. Kombination der ABC / XYZ-Analyse

Nach erfolgter Bestands- bzw. Verbrauchsanalyse der relevanten Materialprofile, erfolgt nun eine Verknüpfung der gewonnenen Ergebnisse. In der mit Abbildung 21 dargestellten 9-Felder-Matrix wird der Lagerbestand entsprechend der Klassifikation eingeordnet. Der Matrix ist zu entnehmen, dass nur ein kleiner Bereich (ca. 1,3%) des gesamten Teilespektrums einen hohen und regelmäßigen Verbrauchsverlauf besitzt.

ABC / XYZ - Bestandsanalyse

	A	B	C	Σ
X	4	5	9	18
Y	1	6	55	62
Z	1	5	219	225
Σ	6	16	283	305

Abbildung 21: ABC / XYZ-Bestandsmatrix

Diesen wenigen Profilarten steht jedoch mit ca. 49,21% ein sehr hoher Anteil am Verbrauchsvolumen gegenüber. Ein Großteil der unterschiedlichen Profilarten (ca. 71,8%) besitzen bei einem geringen Anteil am Gesamtmaterialverbrauch eine sporadische Nachfrage. Im Hinblick auf zukünftige Bestands- und Beschaffungsstrategien ist es im Rahmen der Arbeit notwendig, auf diese Matrix im späteren Verlauf detaillierter einzugehen. Dies soll auch durch die Kostenvergleichsrechnung ermöglicht werden.

4.4. Abgrenzung der Investitionsalternativen

Wie bereits beschrieben, ist bei verstärkter Eigenfertigung der Halbfertigteile durch die interne Sägerei, eine Ersatzinvestition in einen Sägeautomaten notwendig. Bisher enthalten die dem Arbeitsplan hinterlegten Arbeitsgangkarten keine genaue Zuordnung der Fertigungsaufträge zu einem definierten Sägeautomaten. Dies bedeutet, dass die Aufträge durch die Mitarbeiter weitgehend frei auf den Maschinen eingelastet werden können. Diese Verteilung der Aufträge erfolgt meist entsprechend der jeweiligen Losgröße der Produktionsaufträge. In Abbildung 22 ist diese Verteilung für die Kreissäge und die Bandsäge dargestellt.

Mit Hilfe einer Maschinenerfassungsliste wurden 280 Fertigungsaufträge begleitet und entsprechend ihrer Maschinenbelegung sowie Losgröße ausgewertet. Die Losgrößenbreite gibt dabei an, in welchem Bereich ein Fertigungsauftrag entsprechend seiner Stückzahl eingeordnet wird. Besitzt ein Auftrag die Losgröße 8 an Halbfertigteilen, so fällt dieser in die Losgrößenbreite 5-10 der Verteilung.

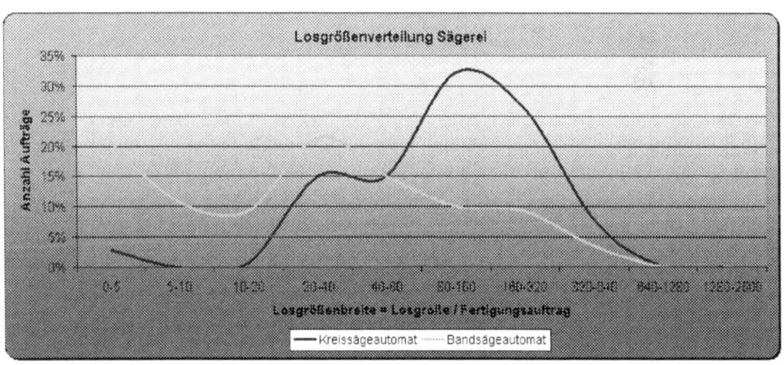

Abbildung 22: Losgrößenverteilung – Abteilung Metallzuschnitt

Es wird gezeigt, dass eine Korrelation zwischen Losgröße und gewählter Maschinenbelegung vorhanden ist. Dabei werden Fertigungsaufträge mit hoher Losgröße stärker auf der Kreissäge eingebunden. Niedrige Losgrößen werden verstärkt der Bandsäge zugeordnet. Durch ihre niedrigen Zykluszeiten ist die Kreissäge besonders für hohe Losgrößen geeignet. Die besonders hohen Verfahr- bzw. Zykluszeiten führen bei der Bandsäge nur zu einer bedingten Eignung für höhere Stückzahlen. Eine Steigerung der Effizienz ist nur in geringem Maße durch Bündelung von Stangenprofilen erreichbar.

Auswahlprozess der Investitionsalternativen

Zur Bestimmung der technischen Anforderungen an das Investitionsobjekt, wurde ein Anforderungsprofil erstellt. Dieses zeigt die Forderungen an den Sägeautomaten entsprechend den internen Vorgaben. Das Maschinen-anforderungsprofil wurde in Anlehnung an eine Befragung der Mitarbeiter aus dem Bereich der mechanischen Fertigung erstellt. Es wurden Forderungen aus der Abteilung Metallzuschnitt sowie dem Bereich Qualitätsmanagement und der Fertigungsleitung eingearbeitet. Wesentliche Bestandteile dieses technischen Lastenheftes sind Aspekte der Qualität sowie der möglichen Schnittbereiche. Ebenfalls soll die Steuerung der Anlage eine Verkettung ermöglichen. Dabei zielt dieser Punkt nicht nur auf eine Erweiterung mit optionaler Peripherie ab. Vielmehr soll auch zukünftige Automatisierung und Flexibilität durch verketten mit nachfolgenden Bearbeitungsstationen der mechanischen Fertigung ermöglicht werden.

Durch den Besuch einer Fachmesse erfolgte eine erste Sichtung von Anbietern für entsprechende Sägetechnologien. In Anlehnung an die erstellte Übersicht der Schnittflächen sowie des Volumens an Sägeabschnitten, war es möglich, ein Produktspektrum abzugrenzen. Im Rahmen des Messebesuches wurden Gespräche mit 13 Anbietern für Sägeanlagen geführt. Nach einer Vorauswahl wurde eine Eingrenzung auf 7 Hersteller notwendig. Entscheidend bei dieser Auswahl war das technische Anforderungsprofil. Neben der Industrietauglichkeit wurde auch die technologische Umsetzung der Maschinen beurteilt.

Für die genaue Auslegung und Detailplanung der Sägeanlagen wurden Fachberater der jeweiligen Hersteller zu Gesprächen eingeladen. Es wurde das vollständige Teileraster aller Stangenprofile ausgewertet und entsprechende Szenarien erstellt. Auf Grundlage des vorliegenden Layouts der Abteilung Sägerei wurden Möglichkeiten zur Umgestaltung unter Berücksichtigung eines optimalen Materialflusses besprochen.

Ergebnis im Auswahlprozess

Die nun dargestellten Investitionsalternativen sind das Ergebnis im Auswahlprozess. Mit diesen Bearbeitungsmaschinen ist eine Verkettung mit nachfolgenden Bearbeitungszentren möglich. Ein vollautomatischer Betrieb kann, bei entsprechendem Nachweis der Vorteilhaftigkeit, für diese Sägeanlagen umgesetzt werden.

Investitionsalternative 1

Fabrikat: I 1

Anlage Typ: **Cut 1**

Schnittbereich:

Rund	15 – 55 mm
Quadratisch	15 – 120 mm

Leistungsmerkmale:

- Antriebsleistung Sägeblatt 15 kW
- Antriebsleistung Hydraulik 3,2 + 0,5 kW
- Anschnittlänge 10 – 100 mm
- Reststücklänge min. 50 mm
- Toleranzgenauigkeit: +/- 5/100 mm
- Sägeblatt: PKD – Diamant 2,2 mm
- SPS-Steuerung, Fabrikat Siemens, Typ S7 - 300
- Bedienterminal mit Display (Touchpanel)
- Technologiespeicher für werkstoffbezogene Zerspandaten

Investitionsalternative 2

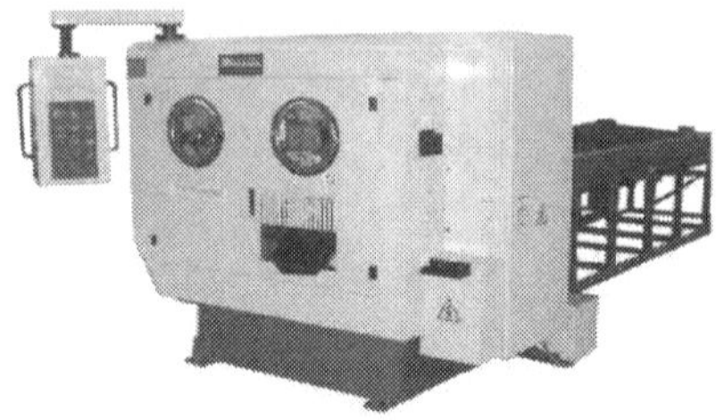

Fabrikat: I 2

Anlage Typ: **Cut 2**

Schnittbereich:

Rund	15 – 75 mm
Quadratisch	15 – 60 mm

Leistungsmerkmale:

o Antriebsleistung Sägeblatt	10 kW
o Antriebsleistung Hydraulik	1,3 kW
o Anschnittlänge	20 mm
o Reststücklänge	min. 80 mm
o Nullpunkterfassung	6 mm (über Laserlichtschranke)
o Toleranzgenauigkeit:	+/- 5/100 mm in der Winkligkeit auf 100 mm Durchmesser
o Sägeblatt:	Hartmetall 2,5 mm

- o SPS-Steuerung, Fabrikat Siemens, Typ S7 – 840D
- o Bedienterminal mit Display (Touchpanel)
- o Technologiespeicher für werkstoffbezogene Zerspandaten

Investitionsalternative 3

Fabrikat: I 3

Anlage Typ: **Cut 3**

Schnittbereich:

Rund	20 – 100 mm
Quadratisch	20 – 80 mm

Leistungsmerkmale:

- Antriebsleistung Sägeblatt 11 kW
- Antriebsleistung Hydraulik 2,2 + 0,5 kW
- Anschnittlänge 15 mm
- Reststücklänge min. 70 mm
- Nullpunkterfassung: 5 mm (über Laserlichtschranke)
- Sägeblatt: Hartmetall 2,5 mm
- SPS-Steuerung, Fabrikat Siemens, Typ S7 – 840D
- Bedienterminal mit Display (Touchpanel)
- Technologiespeicher für werkstoffbezogene Zerspandaten
- Programmspeicher für 5 Abschnittlängen und Stückzahlen

Optionale Peripherie

1. <u>Vollautomatischer Roboterabgriff der Halbfertigteile</u>

- Realisierung für alle der drei aufgeführten Anlagentypen durch Gelenkarm- oder translatorisches Achssystem möglich
- Abschnittsortierung mittels Roboter-Handhabungssystem oder Palettierrobotersystem mit programmierbarer NC-Steuerung (vgl. Abbildung 23)

- Teileabgriff durch Vakuumsaugsystem direkt vom Spannstock oder von definiertem Ablagepunkt auf einem Ablaufförderband
- Stapelbildung und Abtransport von Sägeabschnitten in JEMA-Transportboxen
- Laserdistanzsensoren zur Kontrolle der Transportbox- bzw. Palettenbefüllung
- Berechnung des idealen Stapelbildes nach Werkstückabmessungen

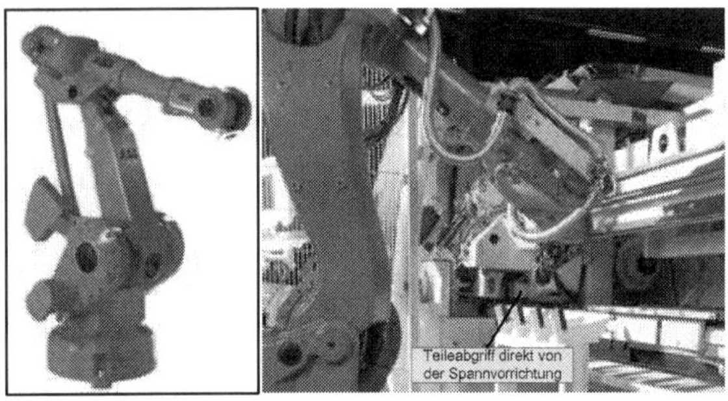

Abbildung 23: Roboter-Handhabungssystem und Teileabgriff

2. <u>Zufuhrseitiges Flachmagazin</u>

- Realisierbar für alle der drei aufgeführten Anlagentypen möglich
- Zum Materialoberflächen schonenden Quertransport von Rechteckmaterial
- Polyamid-Kunststoff bestückte Kettenstränge
- Nutzbare Auflagebreite von ca. 2100-2400 mm
- Auflegen der Einzelstangen auf Kettenstränge
- Transport des Stangenprofils mittels Ladescheiben auf Zufuhrrollenbahn
- Überwachung des Füllstandes entlang des Kettenstranges

4.5. Kostenrechnerische Methode

Für die in diesem Kapitel gewählte Methode zur Beurteilung einer Investitionsentscheidung, wird die Kostenvergleichsrechnung herangezogen. Obwohl die Kostenvergleichsrechnung als statisches Verfahren den Zeitbezug unberücksichtigt lässt, so orientiert sie sich nach dem Streben der Kostenminimierung als Erfolgsgröße. Dieses Verfahren ist auch zu wählen, da die Erlöse im Bezug zur Investitionsalternative gleich groß sind und sich keine unterschiedlichen Wirkungen auf dem Absatzmarkt entwickeln[56]. Diese Kostenbetrachtung als negative Erfolgskomponente ist ebenfalls bedingt durch die gegebene Ausgangssituation. Das Make-or-Buy-Problem bezieht sich auf eine Wertaktivität bzw. ein Halbfertigteil, welchem keine direkten Erlöse zurechenbar sind. Für die gewinngünstigere Alternative ergibt sich daher folgendes Vorteilhaftigkeitskriterium: „Eine Investition I ist vorteilhafter als eine Investition II, wenn ihre durchschnittlichen Kosten je Zeitabschnitt bzw. ihre durchschnittlichen Kosten je Leistungseinheit geringer sind"[57]. Für die gewählte kostenrechnerische Methode stehen im Rahmen eines Alternativenvergleiches mehrere funktionsgleiche Anlagen zur Beurteilung. Die betrachteten Investitionsalternativen schließen sich gegenseitig vollständig aus. Die mengenmäßige Leistung (nicht Kapazität) ist bei allen Anlagen gleich und geht als Größe aus dem Material-Forecast hervor. Es soll im Rahmen dieses Alternativenvergleichs die kritische Menge herausgearbeitet werden, bei der sich ein Investitionsobjekt als das vorteilhafteste herausstellt. Als Investitionsbeginn und Repräsentativperiode wird das Jahr 2008 angesehen.

Um eine eindeutige Formulierung der Make-or-Buy-Problemstellung zu treffen, wird ein Fremdbezug im Rahmen der Kostenvergleichsrechnung nicht als alternative Investitionshandlung gesehen. Fremdbezug steht in diesem Zusammenhang für eine Bereitstellungs- und nicht für eine Investitionsalternative (vgl. Kapitel 4.2). Nach der Beurteilungsphase der vorteilhaftesten Investition in einen Sägeautomaten als Investitionsobjekt, erfolgt die Entscheidungsfindung durch Gegenüberstellung. Dabei werden die kleinsten (durchschnittlichen) Stückkosten für Eigenfertigung und Fremdbezug gegenübergestellt. Erst mit diesem Schritt wird das bisher betrachtete Auswahlproblem der kostenoptimalen Alternative um den

56 vgl. Kruschwitz L.: Investitionsrechnung; München; 2003; S. 35
57 vgl. Blohm H., Lüder K.: Investition; München; 1995; S. 160

direkten Vergleich der Bereitstellung durch Make-or-Buy erweitert. Der Verfasser bedient sich im Rahmen der Beurteilung einer Handlungsstrategie der Kostenvergleichsrechnung, um die optimale Investitionsalternative einem Fremdbezug gegenüberzustellen. Um Stückkosten bei Make-or-Buy vergleichen zu können, werden bei dem Alternativenvergleich auch Kostenbausteine gleicher Höhe erfasst.

4.5.1. Datenbasis

Bezugsgröße der Kostenvergleichsrechnung ist die Anzahl an Sägeabschnitten pro Jahr. Das bedeutet, ausgehend von der Stückzahl an Sägeteilen pro Jahr, werden für eine Produktgruppe die durchschnittlichen Stückkosten ermittelt. Während der Bearbeitungszeit dieser Untersuchung erfolgte für einen großen Teil der Halbfertigteile eine Umstellung auf Fremdbezug. Aus diesem Grund hat sich der Verfasser dazu entschlossen, sich bei der Kostenbetrachtung auf dieses Teilespektrum zu konzentrieren. So ist es möglich, eine wesentlich präzisere Aussage über die Vorteilhaftigkeit von „Make" oder „Buy" zu geben. Diese Analyse muss eine tragfähige Basis für eine strategische Entscheidung bieten. Daher soll ein möglichst repräsentatives Teilespektrum detaillierte Aussagen über alle Materialkategorien zulassen. Die in Unterpunkt 4.4.3 kombinierte Darstellung aus ABC & XYZ-Analyse wird nun aufgegriffen. An ihr werden in Abbildung 24 die Sägeteile dargestellt, welche in die Kostenrechnung einfließen werden.

ABC / XYZ - Bestandsanalyse

	A	B	C	Σ
X	4 / 4	5 / 1	9 / 2	18 / 7
Y	1 / 1	6 / 4	55 / 5	62 / 10
Z	1 / 0	5 / 1	219 / 2	225 / 3
Σ	6 / 5	16 / 6	283 / 9	305 / 20

x / y
x = Anzahl Stangenprofile gesamt
y = Stangenprofile in Kostenvergleichsrechnung

Abbildung 24: Klassifikation ABC/XYZ – Bestandsanalyse

Die weitere Strategiebildung der Make-or-Buy-Problemstellung lässt sich nun einfach anhand dieser Darstellung visualisieren.
Für die nachfolgende Betrachtung erfolgt eine Trennung der Kostenvergleichsrechnung entsprechend der Materialkategorien. Für alle Profile der Klasse A erfolgt die Ermittlung der (durchschnittlichen) Stückkosten auf einem Kreissägeautomaten (Investitionsalternativen 1-3). Die Kosten je Sägeabschnitt werden für Profilarten der Klasse B + C für die Bandsäge ermittelt. Für die nachfolgenden Untersuchungen bedeutet dies, dass die Investitionsvergleichsrechnung für einen Produktmix aus 5 Stangenprofilen der Kategorie A (vgl. Abbildung 24) durchgeführt wird. Danach erfolgt eine Gegenüberstellung der kostenoptimalen Alternative mit den Stückkosten für Fremdbezug. Für den Bandsägeautomaten ist eine Investitionsvergleichsrechnung nicht notwendig. Die Stückkosten aus dem Produktmix der Kategorie B + C können direkt der Bereitstellungsalternative Fremdbezug gegenübergestellt werden. Es soll eine klare Trennung der Stückkostenbetrachtung erreicht werden. Eine Begründung liegt in der Eignung der jeweiligen Maschinenart für diese Teilekategorien entsprechend ihren Verbrauchsvolumen.

4.5.1.1. Schnittversuche

Wesentliche Datenbasis für die vorliegende Kostenvergleichsrechnung bilden die durchgeführten Schnittversuche. Dabei wurden den 3 Sägeanbietern Materialprofile zugesandt. Das Testmaterial setzt sich aus den 5 Stangenprofilen der Materialkategorie A zusammen. Je Profil wurde eine Stange zur Voreinstellung und Optimierung der Maschine benötigt. Ein weiteres Profil wurde in Anwesenheit des Verfassers aufgesägt und Testwerte ermittelt. Die Tests setzen sich aus Messungen der Zyklus- und Rüstzeiten sowie Verschnittlängen zusammen. Aus dem Stangenmaterial wurden Halbfertigteile nach vorher festgelegten Sägelängen gefertigt. Diese Abschnittlängen wurden den Arbeitsplänen entsprechender Artikel entnommen, welche aus diesen Materialabmessungen gefertigt werden. Die Zykluszeit t_e wird dabei als Zeit für die Fertigung eines Teiles angesehen. Der vollständige Zyklus des Sägevorgangs ist bei diesem Arbeitsgang die Zeit von dem ansetzen des Sägeblattes am Material bis zum nächsten ansetzen. Dabei werden im Zyklus neben der reinen Hauptzeit auch Neben- und Wartezeiten (z.B. Vorschub des Materials,

Verteilzeit, Erholungszeit, etc.) mit einbezogen. Auf eine weitergehende Aufschlüsselung, in Anlehnung an REFA, kann für die vorliegende Arbeit jedoch verzichtet werden. Die gemessene Rüstzeit t_r wird für das Einstellen der Maschine auf den nächsten Arbeitsgang bzw. das nächste Fertigungslos benötigt. Dabei liegt das Material auf dem Materialvorschub des Sägeautomaten bereit. Der Rüstvorgang ist abgeschlossen, sobald der Arbeitsgang der Maschine durch den Bediener gestartet werden kann. Rüstzeiten für das Beschicken des Lademagazins werden nicht berücksichtigt. Als Verschnitt wurde der gesamte Materialverbrauch angesehen, der über die Sägelänge hinaus angefallen ist. Dieser setzt sich aus Materialanschnitt bzw. Kopfschnitt sowie Reststück und dem Verschnitt durch das Sägeblatt zusammen. Im Rahmen der Schnittversuche wurden die minimalen Anschnitte sowie die minimalen Reststücke ermittelt. Die Reststücke sind neben der Auslegung der Spannvorrichtung abhängig von der Länge der Sägeabschnitte. Die Auswertung der gemessenen Einzelzeiten kann Abbildung 25 entnommen werden.

Schnittversuch

			Investitionsalternative		
		Einheit	1	2	3
Material	0702799	[s]	2	4,7	7
	0703309	[s]	1,9	4,7	6,2
	0702800	[s]	2,1	4,2	7,7
	0708943	[s]	1,8	4	6,5
	0705366	[s]	2,6	6,5	9
Rüstzeit der Anlage (t_r)		[s]	120	40	30

Abbildung 25: Einzelzeiten der Schnittversuche nach Investitionsobjekten

Es zeigt sich, dass große Unterschiede bei den ermittelten Schnittzeiten der Investitionsobjekte vorhanden sind.

4.5.1.2. Prognose des Materialverbrauchs

Um eine hohe Tragfähigkeit der Ergebnisse der vorliegenden Kostenrechnung zu erreichen, muss eine hinreichend genaue Bestimmung des zukünftigen Materialverbrauches erfolgen. Durch gute Prognoseergebnisse lassen sich zukünftige Bedarfe ermitteln und Risikobetrachtungen durchführen. Der Unsicherheit der gewählten statischen Rechenmethode soll so begegnet werden und Risikobetrachtungen über die Nutzungsdauer ermöglichen.

Die internen Methoden zur Bedarfsplanung richten sich am Hauptproduktionsplan im Rahmen einer MRP-Planung aus. Dabei ermittelt das PPS-System aus vorangegangenen Perioden eine Bedarfsprognose für den zukünftigen Planungszeitraum. Diese Bedarfsprognose wird manuell durch Zusatzbedarfe ergänzt und auf Rohteilebene aufgeschlüsselt. Eine Materialbedarfsplanung setzt sich somit aus Prognosewert und Zusatzbedarf zusammen. Die Prognose umfasst jedoch nur die Vergangenheitswerte der letzten 6 Perioden (Monate). Es ist dadurch schwierig, weit in Zukunft reichende Verbrauchsentwicklungen zu ermitteln. Um eine bessere Prognosequalität zu erreichen, hat sich der Verfasser entschlossen, einen stärker detaillierten Forecast einfließen zu lassen. Durch Erweiterung der vergangenheitsbezogenen Datenbasis soll für die vorliegende Problemstellung eine höhere Prognosegüte erreicht werden. Es soll eine möglichst geringe Abweichung zwischen Prognose und eintretendem Primärbedarf erreicht werden.

Die Verbrauchsprognose wird auf Rohteileebene durchgeführt. Dies bedeutet, dass der Verbrauch an Sägeabschnitten dem Prognosewert des Stangenmaterials in Abhängigkeit gestellt wird. Grund des Vorgehens ist die große Teilevielfalt an unterschiedlichen Artikeln, welche aus einem Profilmaterial gefertigt werden. Es ist demnach zweckmäßiger, die Prognose für das Stangenmaterial zu entwickeln und diese für alle daraus gefertigten Artikel abzuleiten. Der Forecast wird für die 5 Profile der Kategorie A (vgl. Abbildung 24) durchgeführt. Da diese Kategorie einen Anteil von mehr als 70% des Gesamtverbrauchsvolumens besitzt, wird die Prognose der Kategorie B + C an ihr abgeleitet.

Als Prognoseverfahren wird vom Autor das Verfahren der expotentiellen Glättung 2. Ordnung verwendet. Das Verfahren wurde gewählt, um ein konstantes Modell (z.B. expotentielle Glättung 1. Ordnung) um die Komponente Trend zu erweitern. Dabei gehen die Werte mit abnehmender expotentieller Gewichtung in die Rechnung ein, je weiter sie in der Vergangenheit zurück liegen. Die Verbrauchsprognose für die 5 betrachteten Stangenprofile wurde anhand der vergangenen 28 Periodenwerte erstellt.

Die in Abbildung 26 dargestellte Rechnung zeigt beispielhaft die Ermittlung der Prognosewerte für ein Stangenprofil aus dem Produktmix der Kategorie

A. Es wird dabei zuerst der Mittelwert 1. Ordnung bestimmt. Diese erste Glättung wird nochmals geglättet um Zufallschwankungen besser auszugleichen. Daraus ergibt sich bei der weiteren Glättung der Mittelwert 2. Ordnung. Der Index [t] stellt dabei die aktuelle und [t-1] die vorangegangene Periode dar. Die Berechnung der Mittelwerte 1. und 2. Ordnung kann der Formel 1 bzw. der Formel 2 entnommen werden. Der Glättungsfaktor α ist dabei der sog. Reaktionsparameter. Er kann zwischen 0 und 1 liegen. Die neuen Prognosen passen sich umso schneller an den tatsächlichen Verbrauch bzw. Istwert an, je größer α gewählt wird. Im Rahmen dieser Arbeit wurde ein Glättungsfaktor von α = 0,15 festgelegt. Durch Simulation der Verbrauchsentwicklung (vgl. Abbildung 27) hat sich dieser Wert als guter Kompromiss zwischen Sensibilität und Stabilität erwiesen.

$$M_1 = M_{1(t-1)} + \alpha(I_t - M_{1(t-1)})$$

Formel 1: Mittelwert 1. Ordnung

$$M_2 = M_{2(t-1)} + \alpha(M_1 - M_{2(t-1)})$$

Formel 2: Mittelwert 2. Ordnung

Der neue Prognosewert ergibt sich in Formel 3 aus dem Trendverlauf der beiden Mittelwerte.

$$P_{t+1} = 2M_1 - M_{2(t-1)}$$

Formel 3: Prognosewert

I_t – Istwert der Periode t

P_{t+1} – Prognose der nächsten Periode

M_1 – Mittelwert 1. Ordnung

M_2 – Mittelwert 2. Ordnung

α - Glättungsfaktor

			2006				2008				
Material-Ident-Nr	Periode		1	2	3		2	3	4	5	6
0702798	Periodenverbrauch (I_t)	[m]	1.106,71	1.111,52	1.382,24		1.521,34	2.801,71	1.383,23		
	Mittelwert 1. Ordnung (M_1)		1.106,71	1.107,43	1.148,65	→	1.512,66	1.706,02	1.657,60	1.679,62	1.701,64
	Mittelwert 2. Ordnung (M_2)		1.106,71	1.106,82	1.113,09		1.476,36	1.510,81	1.532,83	1.554,85	1.576,87
	Prognose (P_{t+1})				1.108,15		1.559,58	1.555,37	1.935,68	1.804,39	1.826,41

Abbildung 26. Beispiel für Verbrauchsverlauf mit Prognose

Die Erfassung des ersten Periodenverbrauches beginnt im Januar 2006. Der Mittelwert 1. und 2. Ordnung wird der Periode unterstellt. Der letzte

Periodenverbrauch wurde im April 2008 erfasst. Danach wurde der neue Prognosewert P_{t+1} als eingetretener Istwert I_t angenommen, um einen Trendverlauf zu entwickeln.[58]

Der in Abbildung 27 dargestellte Forecast gibt die Verbrauchsprognose für das Stangenmaterial der Kategorie A ab Mai 2008 wieder. Die teils starken Schwankungen des Verbrauches zu Beginn des Jahres 2008 (bedingt durch Verlagerung von Fertigungskapazitäten) sind mit einem Risiko für die Prognosegüte verbunden. Aus diesem Grund wurde vom Autor ein Störpegel aufgenommen. Es soll im Rahmen des Kostenvergleiches der Bereitstellungsalternativen eine Risikobetrachtung ermöglicht werden. Dieser Störpegel wurde mit 15% vom Prognosewert festgelegt. So kann bei einer größeren Abweichung der Verbrauchswerte eine Aussage über die Entwicklung der Stückkosten getroffen werden.

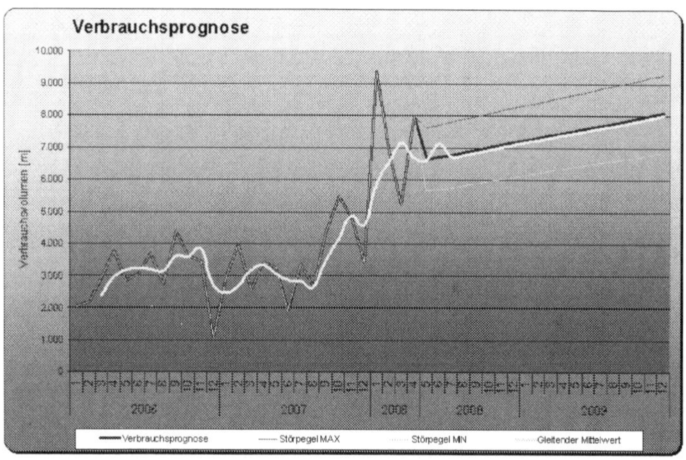

Abbildung 27: Verbrauchsprognose – Stangenprofile der Kategorie A

Die Prognosewerte ergeben einen Ø Monatsverbrauch für 2008 von 7.054 m. Dieser Wert ist niedriger als der mit 7.159 m für das 1. Quartal 2008 ermittelte Verbrauch (vgl. Abbildung 28). Jedoch ist von einer höheren Qualität der Prognose auszugehen. Die Verbrauchprognose wurde, wie in Abbildung 28 aufgezeigt, für die angesetzte Nutzungsdauer der Maschine bis zum Jahr 2013 fortgesetzt. Die Entwicklung des erwarteten Materialverbrauches wurde prozentual auf die Stangenprofile der Klasse B + C übertragen.

[58] vgl. Stölzle W., Heusler K. F., Karrer M.: Erfolgsfaktor Bestandsmanagement; Zürich; 2004; S. 76 ff

Verbrauchsprognose - Stangenmaterial

A - Stangenmaterial

Verbrauch	Ø Quartal 1 - 2008	Forecast [m/Monat]	Differenz zum Forecast	Veränderung zum Vorjahr	Forecast [m/Jahr]	Störpegel	
						MAX	MIN
2008	7.159	7.054	1,46%		84.651	97.349	71.954
2009		7.653		8,49%	91.840	105.615	78.064
2010		8.558		11,82%	102.697	118.102	87.292
2011		9.463		10,57%	113.555	130.588	96.521
2012		10.368		9,56%	124.412	143.074	105.750
2013		11.272		8,73%	135.270	155.560	114.979

Abbildung 28: Verbrauchsprognose für Rohteile der Kategorie A

Der nach interner Erwartung ermittelte Verbrauch an Stangenmaterial der Klasse A, beträgt für den Monat Juli 5.185 m. Dies entspricht 729.696 Sägeabschnitten pro Jahr. Der im Rahmen dieser Arbeit prognostizierte Materialverbrauch von 7.054 m pro Monat für das Jahr 2008, entspricht 992.724 Stück pro Jahr. Diese Stückzahl geht in die Kostenrechnung als Basisgröße ein.

4.5.1.3. Berechnung der Sägelängen

Nächster Schritt im Gang der Untersuchung ist die Berechnung der Ø Längen der Sägeabschnitte. In der Kostenvergleichsrechnung der Investitionsalternativen werden die Ø Stückkosten gegenübergestellt. Aus diesem Grund wird nun für alle Halbfertigteile bzw. Fertigungsartikel die aus einem Stangenprofil hergestellt werden, die Ø Sägelänge ermittelt. Diese Sägelänge wird mit dem jeweiligen Verbrauch der Teile gewichtet. Während der Umstellung auf Fremdbezug der Halbfertigteile wurde die Teilevielfalt reduziert. Dabei wurden Sägelängen verschiedener Artikel zu übergeordneten Gruppen zusammengefasst. Aus den 5 Profilarten der Teilekategorie A entstehen insgesamt 24 Abschnittlängen (vgl. Abbildung 29). Die dargestellten Längen der Teile sind Netto-Sägestücklängen, d.h. sie enthalten ein Aufmass von 2 mm (je 1mm pro Seite), jedoch keinen Verschnitt. Eine Materialzugabe ist durch nachfolgende Bearbeitungsgänge und Toleranzvorgaben notwendig und wird der Zeichnungslänge zugerechnet. Aus den erwarteten Verbrauchsdaten an Sägeabschnitten, wurden für die Stangenprofile die Ø Sägelängen errechnet. Entsprechend der durchgeführten Schnittversuche werden nun alle Verschnittwerte der Investitionsalternativen hinzugerechnet.

	Materialnummer				
	0702799	0703309	0702800	0708943	0705366
Sägelänge Netto [mm]	15	76,5	18	16	89
	22		26	20,5	116
	45		60	58	148
	59		73	73	228
	72		76		
	77		84		
	92		104		
			125		
Ø Sägelänge [mm]	77,21	76,5	79,15	67,14	98,42

Abbildung 29: Netto - Sägelängen der Halbfertigteile

Die so ermittelte Brutto-Sägestücklänge (vgl. Abbildung 30) gibt den tatsächlichen Materialverbrauch des jeweiligen Halbfertigteiles wieder.

Berechnung Brutto-Sägelängen

	Einheit	Investitionsalternative 1 Kasto	Investitionsalternative 2 Trennjäger	Investitionsalternative 3 Amada
min. Anschnitt	[mm]	10	20	15
min. Reststück	[mm]	50	80	70
Sägeblattbreite	[mm]	2,2	2,6	2,6
Materialzugabe	[mm]	2	2	2
Stangenlänge	[mm]	3000		
Brutto Sägelänge				
Material 0702799	[mm]	83,33	83,33	83,33
Material 0703309	[mm]	81,08	83,33	83,33
Material 0702800	[mm]	83,33	85,71	85,71
Material 0708943	[mm]	71,43	73,17	73,17
Material 0705366	[mm]	103,45	107,14	107,14
Ø Verschnitt	[%]	6,14	8,60	8,60

Abbildung 30: Brutto – Sägelängen der Halbfertigteile

Bei der Kalkulation werden die erzielbaren Gutteile aus dem Stangenprofil (3000 mm) ermittelt und daraus die Brutto-Sägelänge errechnet. Anhand der Sägelängen der Teile, der aktuellen Materialpreise für Stangenprofile sowie der Verbrauchsprognose können nun die Materialkosten der Halbfertigteile kalkuliert werden.

4.5.2. Kostenbausteine

In diesem Unterkapitel werden alle Kostenbausteine aufgegriffen, welche in die Investitionsvergleichsrechnung einfließen. Die Datenbasis aus Schnittversuchen, Verbrauchsprognosen und Sägelängen bildet die

Grundlage für die Stückkosten der Halbfertigteile. Die hier zusammengefassten Kostenkomponenten setzen sich aus relativen Einzelkosten zusammen. Es erfolgt eine Trennung in fixe und variable Bestandteile, wobei erfolgsunabhängige Kosten (Gemeinkosten i.S.d. Vollkostenrechnung) keine Berücksichtigung finden.

4.5.2.1. Anschaffungskosten

Ausgehend von den vorliegenden Angeboten der Hersteller für Sägeautomaten, wurden die in Abbildung 31 dargestellten Anschaffungskosten ermittelt. Neben den Kosten für den Sägeautomaten selbst, finden sich weitere Kostenkomponenten. Es wurde nur Peripherie und Zubehör ähnlichen Typs bzw. Bauart gegenübergestellt. Dies soll eine Vergleichbarkeit ermöglichen. Zusätzlich zur Maschine in ihrer Grundausstattung,

		Investitionsalternative		
		1	2	3
	Einheit	Kasto	Trennjäger	Amada
Sägeautomat	[€]	86.800,00	71.000,00	111.500,00
Zufuhreinrichtung		29.300,00	18.500,00	33.500,00
Späneförderer		4.530,00	3.600,00	0,00
elektrostatischer Luftfilter		6.080,00	0,00	5.650,00
Zubehör		1.295,00	1.700,00	0,00
Angebotspreis		128.005,00	94.800,00	150.650,00
Verpackung + Frachtgeld		1.500,00	1.385,00	2.000,00
Nettopreis		129.505,00	96.185,00	152.650,00
Umbau- + Installationskosten		8.500,00	3.600,00	2.380,00
Anschaffungskosten	[€]	138.005,00	99.785,00	155.030,00

Abbildung 31: Anschaffungskosten der Investitionsalternativen

wurde als Zufuhroption ein Flachmagazin gewählt. Durch diese Lösung sollen Beschädigungen am Material vermieden werden. Es erfolgt eine automatische Vereinzelung der Stangenprofile durch das Magazin und ein Transport zum Sägeautomaten. Die zufuhrseitige Option eines vollautomatischen Regalsystems mit Bediengerät wurde in die Betrachtung einbezogen. Jedoch bietet sich diese Lösung aufgrund der Zusammensetzung des Teilespektrums vorerst nicht an und findet daher in der Kalkulation keine Berücksichtigung. Auch konnte eine solche Lösung nur von einem Hersteller angeboten werden. Entsprechend den Angeboten wurden weiterhin Kosten für Inbetriebnahme und Schulung aufgenommen. Kosten für den Umbau bzw. der Anpassung des bestehenden Layouts der Sägerei wurden pauschal bewertet. Eine Abfuhroption wurde in diesem

Schritt noch nicht in der Kalkulation berücksichtigt. Dem Verfasser liegen Angebote für eine vollautomatische Abnahme der Sägeabschnitte durch einen Roboter bzw. ein Palettiersystem vor. Nachdem das kostenoptimale Investitionsobjekt ermittelt wurde, findet diese Option Berücksichtigung.

4.5.2.2. Kalkulatorische Abschreibung und Wagnisverlust

In die Berechnung der kalkulatorischen Abschreibungen (vgl. Abbildung 32) fließen neben den bereits ermittelten Anschaffungskosten auch die Nutzungsdauer sowie der Restwert der Maschine ein. Die Nutzungsdauer wird durch leistungsproportionale und zeitabhängige Größen beeinflusst. Leistungsproportional ist in diesem Zusammenhang die Abnutzung entsprechend der Maschinenleistung. Das Altern der Maschine ist hier in Abhängigkeit von der Zeit zu sehen. Der Einsatz des Investitionsobjektes ist nur solange sinnvoll, solange diese Größen in einem vertretbaren Maße anfallen.

Abschreibungen		Investitionsalternative		
	Einheit	1	2	3
steuerl. Nutzungsdauer (CNC/NC bzw. ohne)	[Jahre]	6	6	6
wirtschaftl. Nutzungsdauer (mit CNC/NC)	[Jahre]	6	6	6
Anschaffungskosten	[€]	138.005,00	99.785,00	155.030,00
jährliche Preisänderungsrate	[%]	3,00	3,00	3,00
Wiederbeschaffungswert nach wirtsch. ND	[€]	164.785,19	119.148,51	185.113,93
kalk. AfA nach AK	[€/Jahr]	22.834,17	16.464,17	25.671,67
kalk. AfA nach WBW	[€/Jahr]	27.297,53	19.691,42	30.685,65
Wagnisverlust				
Kalkulatorischer Wagnisverlust	[€/a]	4.463,36	3.227,25	5.013,99

Abbildung 32: Kalkulatorische Abschreibung und Wagnisverlust

Bei der Festlegung der Nutzungsdauer wurde von normalen Umgebungsbedingungen und Verhältnissen ausgegangen (kein Einsatz in feuchten Räumen etc.).[59] Die angesetzte Dauer der Nutzung richtet sich nicht nach der Einsatzdauer des bisherigen Kreissägeautomaten von 29 Jahren. Auch wird die technische ND nicht berücksichtigt, da sich diese theoretisch beliebig verlängern lässt. Der Verfasser hat sich entschieden, die gewählte ND an der AfA-Tabelle für den Bereich Maschinenbau des

[59] vgl. Wolfstetter G.: Moderne Verfahren der Kostenrechnung; Pfaffenweiler; 1991; S. 54

Bundesministeriums für Finanzen auszurichten.[60] Seit 2008 erfolgt für Anlagegüter bei der Fa. JEMA eine lineare Abschreibung ohne Wechsel zur degressiven Methode.
Der ermittelte Restwert der Maschinen wurde anhand von Herstellerangaben und deren Erfahrungswerten festgelegt. Im Sinne eines detaillierten Alternativenvergleiches wurde in die Rechnung ein kalkulatorischer Wagnisverlust aufgenommen. Dieser zeigt die Differenz zwischen Anschaffungskosten und Wiederbeschaffungswert in Form eines kalkulatorischen Aufwandes.[61] Die jährliche Veränderung der Wiederbeschaffungskosten drückt sich in einer Preisänderungsrate aus. Diese wurde nach entsprechenden Informationen der Sägeanbieter im Durchschnitt mit 3% angegeben.

4.5.2.3. Kalkulatorische Zinsen

Der kalkulatorische Zinssatz stellt die Verzinsung des für die Finanzierung notwendigen Kapitals dar. In Anlehnung an die Kostenvergleichsrechnung ist es meist umstritten, ob und in welchem Umfang Zinsen als Kostenkomponenten zu berücksichtigen sind. Bei fortschreitender Abschreibung fällt das durch die Maschine gebundene Kapital. Durch den ständig kleiner werdenden Anlagenrestwert müssten die kalk. Zinsen ständig neu bestimmt werden. Aus diesem Grund wird der weiteren Rechnung ein fester Zinsbetrag über die ND unterstellt. Der Zinsbetrag kann aus dem durchschnittlich gebundenen Kapital ermittelt werden. Die Bestimmung der kalk. Zinsen erfolgt auf Basis des gültigen Zinssatzes p für langfristig aufgenommenes Kapital. Dieser Kalkulationszinssatz beträgt unternehmensintern 8,5%. Für die Betrachtung sind Rückflüsse am Periodenende zu unterstellen. Das bedeutet, das gebundene Kapital fließt nicht gleichmäßig, sondern z.B. durch Abschreibungen am Ende einer Periode dem Investitionsobjekt wieder zu. Bei durchschnittlicher Kapitalbindung mit Restwerten der Anlagen und Rückflüssen am Periodenende ergibt sich hierfür:[62]

---

[60] vgl. Bundesministerium für Finanzen: „AfA-Tabelle / Wirtschaftszweig Maschinenbau“; Fundstelle 1.5.1; www.Bundesfinanzministerium.de

[61] vgl. Wolfstetter G.: Moderne Verfahren der Kostenrechnung; Pfaffenweiler; 1991; S. 56 f

[62] vgl. Wolfstetter G.: Moderne Verfahren der Kostenrechnung; Pfaffenweiler; 1991; S. 59 ff

$$Z = \left(\frac{AK - RW}{2} + \frac{AK - RW}{2N} + RW \right) * i$$

Formel 4: Kalkulatorischer Zinssatz

Z = Zinsen
RW = Restwert
i = Kalkulationszinssatz
AK = Anschaffungskosten
N = Nutzungsdauer

Die kalkulatorischen Zinsen finden im Rahmen dieser Kostenvergleichsrechnung nicht nur einen Bezug zum Investitionsobjekt selbst. Auch im Lagerbestand an Stangenmaterial ist Kapital gebunden und muss ebenfalls als kalk. Zinsaufwand mit einbezogen werden. Obwohl diese Lagerbestandszinsen für alle 3 Investitionsalternativen in gleicher Höhe anfallen, müssen sie in die Betrachtung einbezogen werden. Da beim späteren Vergleich von Eigenfertigung und Fremdbezug die Stückkosten gegenübergestellt werden, ist dieser Kostensatz aufzunehmen.
Die Zinsen des Lagerbestandes ergeben sich aus dem Lagerzinssatz und dem Ø Lagerbestandswert. Der Bestandswert setzt sich aus dem Materialeinstandspreis des jeweiligen Profilmaterials und dem Ø Lagerbestand eines Bezugszeitraumes zusammen. Basis für den Einstandspreis des Stangenmaterials ist der im PPS-System hinterlegte Materialpreis. Der Materialbestand wurde über einen Zeitraum von 12 Monaten erfasst. Der Lagerzinssatz setzt sich aus dem Kalkulationszinssatz von 8,5% und der Ø Lagerdauer zusammen. Dabei bestimmt sich die Ø Lagerdauer anhand der Lagerumschlagshäufigkeit. Diese wurde für den Produktmix über den Anteil am Verbrauchsvolumen der jeweiligen Artikel bestimmt.

4.5.2.4. Raumkosten

Die Raumkosten der Vergleichsrechnung setzen sich aus 2 Kostenkomponenten zusammen. Neben den notwendigen Einzelflächen zum Betrieb des Sägeautomaten werden ebenfalls Kosten für die durch den Lagerbestand beanspruchte Fläche aufgenommen. Alle maschinenbezogenen Einzelflächen setzen sich aus Grund- und Nebenflächen zusammen und sind den Angeboten der Hersteller entnommen. Zu den Grundflächen werden neben der reinen Maschinenstellfläche auch die

Grundfläche der Zufuhr- (Flachmagazin) und Abfuhreinrichtung hinzugerechnet. Da die vollautomatische Teileabfuhr in dieser Betrachtung nicht berücksichtigt ist, wird für alle Anlagen von der bisherigen Lösung eines Abfuhrbands ausgegangen. Als Nebenfläche wird die Bedien-/ Abgriff- und Logistikfläche für den Betrieb durch den Mitarbeiter einbezogen.

Alle Raumkosten für den Lagerbestand ergeben sich aus der genutzten Lagerfläche der Stangenprofile im Produktmix. Je Profilart wurde die genutzte Lagerfläche ermittelt und in die Rechnung übertragen. Im Durchschnitt ergibt sich je Stangenprofil eine Lagergrundfläche von 1,9 m^2.

4.5.2.5. Energiekosten

Der Kostenvergleichsrechnung liegen alle, zum Betrieb der Maschine direkt zurechenbaren Energiekosten zugrunde. Es wird mit Jahresdurchschnittskosten von 0,046 €/kWh kalkuliert. Der gesamte elektrische Anschlusswert einer Anlage bestimmt sich aus den Leistungsdaten der einzelnen Verbraucher. Diese Nennleistung wird jedoch nur bei konstanter Volllast erreicht. Der Sägeblattantrieb der Maschine wird im Mittel jedoch mit einer geringeren Leistung betrieben. Diese mittlere Auslastung ergibt sich durch verschiedene Einflussgrößen (Materialquerschnitt, Werkstoff etc.) und wurde durch den Autor nach Herstellerangaben mit 50% angesetzt. Somit errechnet sich der variable Energieverbrauch durch die tatsächlich ausgenutzte Leistung der Anlage und den Maschinenstunden pro Jahr. Die Ermittlung der Maschinenstunden bzw. der Maschinenlaufzeit pro Jahr erfolgt mit Punkt 4.6.2.8 in Anlehnung an die Schnittversuche.

4.5.2.6. Betriebskosten

Unter Betriebskosten werden vom Autor alle Kosten zusammengefasst, die zur Sicherung und Wiederherstellung eines betriebsfähigen Zustandes der Anlage fallen. Darunter fallen folgende Kostenbausteine:

- Erhaltungskosten
- Herstellungskosten
- Betriebsstoffe
- Werkzeugkosten

Die Kosten für Erhaltung beziehen sich bei den betrachteten Investitionsobjekten auf die Sicherstellung eines betriebsfähigen Zustandes. Darunter werden Kosten für regelmäßige Wartungen und die Reinigung der Anlage aufgenommen. Herstellungskosten sind alle Kosten im Zusammenhang der Wiederherstellung des betriebsfähigen Zustandes. Wesentlicher Bestandteil sind hier Aufwendungen für Reparaturen. Weiterhin fallen Kosten für maschinenabhängige Betriebsstoffe (Schmierstoffe, Kühlmittel etc.) an. Bei den Kosten für Erhaltung, Herstellung und Betriebsstoffe wurde mit Richtwerten bzw. Annahmen nach Erfahrungswerten der Hersteller kalkuliert. Werkzeugkosten stellen eine große Komponente der Betriebskosten dar. Sie werden aus der anfallenden Schnittfläche pro Jahr, der Standzeit des Werkzeuges und den Kosten pro Sägeblatt gebildet. Die anfallende Schnittfläche ergibt sich aus der Anzahl an Sägeabschnitten pro Jahr und ihren einzelnen Schnittflächen. Anhand der errechneten Schnittfläche pro Jahr, lässt sich die Anzahl an Sägeblättern entsprechend der jeweiligen Standzeit ermitteln. Die Kosten je Sägeblatt wurden den Herstellerangaben entnommen.

4.5.2.7. Lohnkosten

Die Lohnkosten haben durch ihre Höhe einen besonderen Einfluss im Hinblick auf die Stückkosten der Sägeteile. Sie werden durch den Autor als variabler Bestandteil in die Rechnung eingebracht. Ihre Höhe wird in Abhängigkeit der Maschinenstunden pro Jahr gesetzt. Dies erfolgt unter der Annahme, dass der Kostenstelle bzw. der Abteilung Sägerei nur Lohnkosten zugerechnet werden, welche in direkter Verbindung mit der Auftragsbearbeitung stehen. Dem Bereich Metallzuschnitt sind bei vollständiger interner Bearbeitung des Auftragsvolumens, 2 Fachkräfte sowie 1 Leiharbeiter zugeteilt. Sie sind neben der Bedienung des Kreis- und Bandsägeautomaten auch für logistische Tätigkeiten zuständig. Diese Vorgänge beinhalten Materialbewegungen innerhalb der Abteilung (Beschicken der Sägeautomaten, Wareneingang, etc.) sowie Transport der fertigen Sägeabschnitte zu den Bereitstellungsflächen. Die in Anlage 6 dargestellte Verteilung der Lohnkosten gliedert sich nach diesen Tätigkeiten.

Die Verteilung der Gesamtarbeitszeit beträgt für die Facharbeiter 70% und 30% für den Anteil an Leiharbeit. Dieser Schlüssel wird auf die gesamte Maschinenlaufzeit pro Jahr umgelegt. Aus den Schnittversuchen (siehe Unterpunkt 4.6.1.1.) geht der Maschinenbedien- bzw. Begleitzeitanteil hervor. Dieser zeigt den prozentualen Zeitanteil an der Bearbeitungszeit eines Fertigungsauftrages auf der Maschine. Ist dieser sehr hoch, verbringt der Mitarbeiter einen großen Teil der Maschinenlaufzeit mit der Abnahme der Sägeabschnitte (z.B. bedingt durch kurze Zykluszeiten). Es wird zusätzlich unabhängig von der Maschinenbedienzeit ein Logistikzuschlag eingerechnet. Ausgehend von der durchgeführten Auftragsbegleitung wurde dieser Logistikanteil mit 10% der Gesamtbearbeitungszeit ermittelt. Dieser Zuschlag stellt einen zusätzlichen Zeitaufwand für auftragsbezogene Materialbewegungen dar. Auf Basis des Kostenstellenberichtes für 2007 wurden die Stundenverrechnungssätze anhand der Jahresarbeitsleistung ermittelt. Die variablen Lohnkosten wurden nun mit Hilfe der Verteilung der Gesamtzeit errechnet. Dabei bilden die Fremdkosten den Zeitanteil, der nicht der Bearbeitung des Auftrags zugerechnet werden kann. Sie fließen somit nicht in den Stückkostenvergleich ein.

4.5.2.8. Maschinenkapazität

Als abschließender Kostenbaustein wird in diesem Unterpunkt die Maschinenkapazität betrachtet. Sie zeigt für jede der Investitionsalternativen, wie viele Maschinenstunden für die Bearbeitung der erwarteten Anzahl an Sägeabschnitten benötigt werden. Diese Berechnung basiert auf der Verbrauchsprognose der Halbfertigteile sowie den ermittelten Zykluszeiten der Schnittversuche. Es fließen weiterhin die Rüstzeiten in die Kalkulation ein. Es wird von einer Tageslaufleistung der Anlage von 16 Stunden ausgegangen. Die Ø Anzahl an Rüstvorgängen pro Arbeitstag wurde aus der durchgeführten Auftragsbegleitung bzw. der Maschinenerfassungsliste entnommen. Entsprechend der benötigten Bearbeitungszeit je Material ergeben sich die in Abbildung 33 gezeigten Maschinenlauf- und Rüstzeiten.

		Investitionsalternative		
		1	2	3
Maschinenstunden pro Jahr	[h/Jahr]	**544**	**1.241**	**1.899**
Rüstzeit pro Jahr	[h/Jahr]	10,43	7,93	9,10
Maschinenstunden + Rüstzeit pro Jahr	[h/Jahr]	554,6	1.249,3	1.908,3

Abbildung 33: Maschinenstunden und Rüstzeiten

Es ist zu erkennen, dass es zu deutlichen Unterschieden bei den benötigten Maschinenstunden kommt. Dies liegt im Wesentlichen an den kürzeren Zykluszeiten, die im Rahmen der Schnittversuche getestet wurden.

4.5.3. Ergebnis der Kostenvergleichsrechnung

Nun werden alle bisher betrachteten Kostenkomponenten zusammengeführt und die Ø Stückkosten für jede Investitionsalternative ermittelt (vgl. Abbildung 34). Diese ergeben sich für den betrachteten Produktmix der 5 Stangenprofile aus den Gesamtkosten und der Anzahl an Sägeabschnitten. Aus dem Prognosewert für den Jahresverbrauch an Rohteilen für 2008 ist von einem Verbrauchsvolumen von 992.724 Sägeteilen auszugehen (vgl. Unterpunkt 4.6.1.2). Die Gesamtkosten sind für die vorliegende Kalkulation in fixe und variable Kostenbestandteile getrennt aufgeführt. Alle Komponenten mit einem Bezug zur Stückzahl an Halbfertigteilen gehen als variable Kosten in die Kalkulation ein. Kosten die in ihrer Höhe unabhängig von der Ausbringungsmenge anfallen, finden sich als fixe Bestandteile wieder. Die Ø Stückkosten wurden aufgrund der hohen Stückzahl an Sägeteilen mit vier Nachkommastellen angegeben. Wie der Kostenvergleichsrechnung in Abbildung 34 zu entnehmen, ergeben sich für die Investitionsalternative 1 die geringsten Ø Stückkosten. Wird also die prognostizierte Ausbringungsmenge unterstellt und alle Stangenprofile der Kategorie A auf dieser Maschine gefertigt, so ist sie die kostenoptimale Investitionsalternative. Dies liegt, wie die Schnittversuche gezeigt haben, an einem geringen Materialverschnitt sowie an der kurzen Zykluszeit. Durch Anschnitt- und Reststückoptimierungen sowie einem dünneren Sägeblatt ist es gelungen, den Materialverbrauch für die gegebene Stückzahl zu minimieren. Die Zykluszeiten liegen signifikant unter denen der Mitbewerber, was zu einer Verringerung der Maschinenauslastung und somit zu geringeren Lohnkosten führt.

			Investitionsalternative		
			Kasto Maschinenbau	Trennjäger Technik	Amada Sägetechnik
			1	2	3
	Anschaffungskosten	[€]	138.005,00	99.785,00	155.030,00
	Wirtschaftliche Nutzungsdauer	[Jahre]	6	6	6
	Wiederbeschaffungskosten	[€]	164.785,19	119.148,51	185.113,93
	Restwert	[€]	1000	1000	1000
	Kalk. Zinssatz	[%]	8,50%		
K_f	Kalk. Abschreibungen	[€/Jahr]	22.834,17	16.464,17	25.671,67
	Kalk. Zinsen Anlage		6.878,16	4.983,09	7.722,32
	Raumkosten Anlage		1.196,69	1.053,53	1.312,44
	Raumkosten Lagerbestand		701,24	701,24	701,24
	Kalk. Wagnisverlust		4.463,36	3.227,25	5.013,99
	Erhaltungskosten Anlage		2.000,00	1.395,24	1.720,24
	Kalk. Zinsen Lagerbestand		1.344,36	1.344,36	1.344,36
	Σ Fixkosten	[€/Jahr]	39.417,98	29.168,87	43.486,25
K_v	Lohnkosten	[€/Jahr]	19.965,52	29.845,52	33.723,65
	Energiekosten		292,12	362,05	1.272,85
	Werkzeugkosten		7.697,59	6.927,83	3.405,41
	Herstellungskosten		33,20	62,07	134,85
	Betriebsstoffe		136,05	310,34	474,81
	Materialkosten		1.226.136,48	1.251.887,24	1.251.887,24
	Σ Variable Kosten	[€/Jahr]	1.254.260,96	1.289.395,04	1.290.898,81
	Gesamtkosten	[€/Jahr]	1.293.678,94	1.318.563,92	1.334.385,06
	Sägeabschnitte pro Jahr	[Stk./Jahr]	992.724		
	Ø Stückkosten	[€/Stk.]	1,3032	1,3282	1,3442

Abbildung 34: Kostenvergleichsrechnung der Investitionsalternativen

Der Degressionseffekt der Fixkosten wird in Abbildung 35 aufgezeigt. Eine kritische Ausbringungsmenge ist in diesem Fall zwischen Investitionsalternative 1 und 2 zu ermitteln. Die kritische Menge kann durch Gleichsetzen der Kostenfunktionen ermittelt werden (vgl. Formel 5). Der Index i steht dabei für das Stangenmaterial 1–5. Dieses hat jeweils einen unterschiedlichen Anteil am Gesamtverbrauch der Sägeabschnitte. Bis zu einer Anzahl von x = 289.263 Sägeabschnitten pro Jahr, ist die Investitionsalternative 2 die vorteilhafteste (BEP). Da diese kritische Menge mit der gegeben Stückzahl von 992.724 Halbfertigteilen überschritten wird, ist die Alternative 1 kostenoptimal. Investitionsalternative 3 findet keine Berücksichtigung, da kein Schnittpunkt mit einer der beiden Kostenfunktionen existiert. Dies lässt sich durch die höchsten Fixkosten und die größeren Stückkosten begründen.

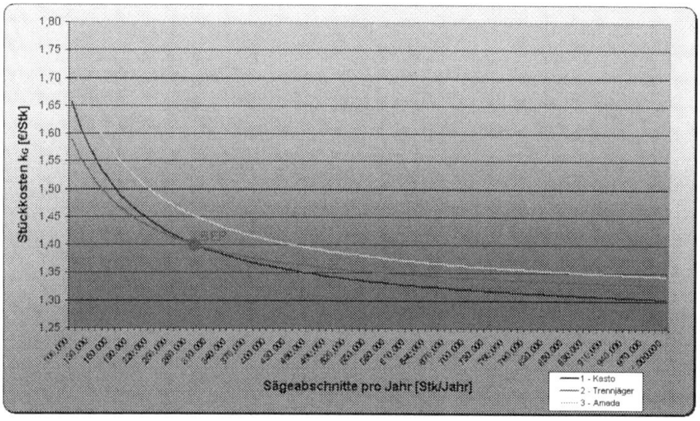

Abbildung 35: Stückkostenvergleich der Investitionsalternativen

$$K_{G1} = K_{G2}$$

$$K_{F1} - K_{F2} = K_{V2} - K_{V1}$$

$$K_{F1} - K_{F2} = (k_{V2i} - k_{V1i}) * r_i * x$$

Formel 5: Kritische Absatzmenge

$K_{G(1)}$	- Gesamtkosten (Investitionsalternative 1)
K_F	- Fixe Gesamtkosten
K_V	- Variable Gesamtkosten
k_V	- Variable Stückkosten
r	- relativer Anteil der Gesamtstückzahl
x	- Gesamtstückzahl

Auch unter Berücksichtigung des angenommen Störpegels von 15%, liegt die minimal erwartete Ausbringungsmenge mit 843.815 Stück noch über der kritischen Menge. Die hier ermittelte Ø Stückkosten der kostenoptimalen Investitionsalternative 1 werden in den Vergleich der Bereitstellungsalternativen übertragen.

4.6. Vergleich der Bereitstellungsalternativen

Nach der Ermittlung der kostenoptimalen Ersatzinvestition für die Teilekategorie A erfolgt nun die Ermittlung der Ø Stückkosten für den Bandsägeautomaten. Dieser deckt, wie bereits erwähnt, das Teilespektrum der Kategorie B + C ab. Die kostenrechnerische Methode ist an die der Kostenvergleichsrechnung angelehnt und wird nachfolgend verkürzt dargestellt. Außerdem wurde eine Besichtigung der Lohnsägerei durchgeführt. Im Rahmen der Besichtigung wurde eine Aufnahme der

Sägetechnologie und der innerbetrieblichen Logistik durchgeführt. Die Besichtigung erfolgte im Juni 2008, wenige Tage im Vorfeld der Umstellung auf Fremdbezug der Halbfertigteile.
Nach der Ermittlung der jeweiligen Ø Stückkosten erfolgt die Gegenüberstellung der Bereitstellungsalternative Eigenfertigung und Fremdbezug. Nach dieser Betrachtung wird für die quantitative Untersuchung die relative Überlegenheit für eine „Make“ oder „Buy“ - Strategie errechnet. Dieser geht in einer abschließenden Betrachtung in die Überlegenheitsmatrix ein.

4.6.1. Ermittlung der Stückkosten des Bandsägeautomaten

Der Verbrauch an Stangenmaterial beträgt für die 15 Profilarten der Teilekategorie B+C 937 Meter pro Monat. Dies entspricht einer Stückzahl von 116.084 pro Jahr. Wird nun die Verbrauchsprognose zugrunde gelegt, so ist von einem Verbrauch an Stangenprofilen von 1.096 Metern pro Monat auszugehen. Dieser Materialbedarf entspricht einer Stückzahl von 135.648 pro Jahr. Der Prognosewert dieser Rechnung liegt damit 16,9% über dem intern kommunizierten Verbrauch für den Monat Juli 2008.

Berechnung der Sägelängen

Für alle Materialprofile wurde eine gewichtete Durchschnittslänge ermittelt, welche aus einer Verbrauchsübersicht hervorgeht. Die Bandsäge hat bei einer Sägeblattbreite von 1,6 mm einen Verschnitt von 60 mm. Dies entspricht einem Gesamtverschnitt an Material von ca. 5,8.

Betrachtung fixer Kostenbausteine

Die Raumkosten des Lagerbestandes liegen über denen der Kategorie A. Dies liegt in der Anzahl von 15 Stangenprofilen begründet, welche eine größere Lagergrundfläche benötigen. Kalkulatorische Zinsen des Lagerbestandes fallen wesentlich höher aus als die der Teileklasse A. Durch die niedrige Lagerumschlagshäufigkeit der Teile ergibt sich im Vergleich zur den A-Teilen (1,06%) ein hoher Lagerzinssatz (3,59%). Der Autor schlägt die anfallenden Fixkosten nicht vollständig auf die Anzahl der Sägeabschnitte um. Die Maschine wäre bei der Bearbeitung dieser

Halbfertigteile nur zu 45% ausgelastet. Dadurch wird diesen 15 Profilarten nur der entsprechende Anteil der fixen Kosten zugrunde gelegt.

Betrachtung variabler Kostenbausteine

Obwohl die Zykluszeiten des Bandsägeautomaten wesentlich über denen der Kreissägemaschine liegen, gehen die Lohnkosten mit einem wesentlich geringeren Wert ein. Dies wird durch die Annahme begründet, dass dem Sägeabschnitt nur verursachungsgerechte Lohnkosten zurechenbar sind. Der ermittelte Begleitzeitanteil liegt für die Bandsäge bei nur 5%. Daher werden dem Fertigungsauftrag nur diese Lohnkosten und ein Handlingzuschlag von 10% zugerechnet.

			Trennjäger Bandsäge
			1
	Anschaffungskosten	[€]	14.657,00
	Wirtschaftliche Nutzungsdauer	[Jahre]	6,00
	Wiederbeschaffungskosten	[€]	17.501,22
	Restwert	[€]	250,00
	Kalk. Zinssatz	[%]	8,50%
K_f	Kalk. Abschreibungen	[€/Jahr]	2.442,83
	Kalk. Zinsen Anlage		735,60
	Raumkosten Anlage		540,19
	Raumkosten Lagerbestand		2.103,71
	Kalk. Wagnisverlust		474,04
	Erhaltungskosten Anlage		1.395,24
	Kalk. Zinsen Lagerbestand		3.727,40
	Σ Fixkosten	[€/Jahr]	7.152,39
K_v	Lohnkosten	[€/Jahr]	8.755,53
	Energiekosten		54,14
	Werkzeugkosten		504,90
	Herstellungskosten		88,28
	Betriebsstoffe		176,56
	Materialkosten		326.144,96
	Σ Variable Kosten	[€/Jahr]	335.724,37
	Gesamtkosten	[€/Jahr]	342.876,77
	Sägeabschnitte pro Jahr	[Stk./Jahr]	135.648
	Ø Stückkosten	[€/Stk.]	2,5277

Abbildung 36: Durchschnittliche Stückkosten der Teilekategorie B + C

Zum Begleitzeitanteil gehören auch hier Teileabgriff und Maschinenbedienung durch den Mitarbeiter in der Abteilung. Durch die Auftragsbegleitung wurde zudem festgestellt, dass die Stangenprofile im

Durchschnitt 2-fach gebündelt aufgespannt werden. Dies wurde in die Betrachtung einbezogen und die Zykluszeiten nach entsprechenden Tests angepasst. Es hat sich gezeigt, dass die Zykluszeit bei 2-facher Bündelung im Durchschnitt 55% beträgt.
Wie Abbildung 36 zu entnehmen, wurden für die Teilekategorie B + C (vgl. Abbildung 24) Ø Stückkosten in Höhe von 2,53 € errechnet. Diese Kosten können jedoch nicht ohne Einschränkung den Stückkosten des Kreissägeautomaten (Investitionsalternative 1) gegenübergestellt werden. Da ein wesentlicher Teil der Stückkosten durch den Anteil an Materialkosten bestimmt wird, dürfen nur die Kosten pro Sägeschnitt verglichen werden. Die hier ermittelten Stückkosten fließen in den direkten Vergleich der Bereitstellungsalternativen ein.

4.6.2. Ermittlung der Stückkosten bei Fremdbezug

Der Zulieferer arbeitet mit verschiedenen Anlagen für den Metallzuschnitt. Für das Teilespektrum der Fa. JEMA wird ein Kreissägeautomat genutzt. Dieser ist ein Automat vom Typ Cut 1 und somit Baugleich zum Investitionsobjekt 1 (vgl. Unterkapitel 4.5). Dieser Kreissägeautomat wurde in der Kostenvergleichsrechnung als kostenoptimal identifiziert. Es wird mit einem 4 mm Sägeblatt aus Hartmetall gesägt. An den Sägeautomaten ist keinerlei Peripherie angebunden. Das bedeutet, die Stangenprofile werden aus dem Lagerbereich per Hand auf ein Flachlademagazin verbracht. Der innerbetriebliche Transport erfolgt über einen elektrischen Hubwagen. Der Abgriff und die Abfuhr der Sägeabschnitte erfolgt ebenfalls manuell durch 2 Bediener.
Für die Lohnsägerei wurde der Materialverschnitt je Stangenprofile bzw. Sägeabschnitt ermittelt. Entsprechend diesem prozentualen Verschnitt wurden die Materialkosten der Ø Sägeteillängen errechnet. Es zeigt sich, dass bei Fremdbezug mit einem Verschnitt von ca. 12,3% gefertigt wird.

Stückkosten bei Fremdbezug

Die Kosten der Halbfertigteile setzen sich bei Fremdbezug aus 2 Bestandteilen zusammen. Neben den Schnittkosten pro Sägeteil bilden die Materialkosten die zweite Komponente. Die Sägekosten wurden als Grundlage der vorliegenden Rechnung ebenfalls für der Lohnsägerei ermittelt. Abbildung 37 zeigt die errechneten Ø Stückkosten für die Teilekategorie A. Dabei werden Schnitt- und Materialkosten der Sägeteile getrennt ausgewiesen. Die Durchschnittskosten ergeben sich wiederum aus dem relativen Verbrauchsanteil der Rohteile und dem Gesamtverbrauch von 992.724 Halbfertigteilen dieser Klasse.

Material		Schnittkosten	Materialkosten	Stückkosten	Ø Stückkosten
0702799	[€/Stk.]	0,0808	1,2636	1,3444	1,3854
0703309		0,0808	0,9992	1,0800	
0702800		0,0869	1,8804	1,9673	
0708943		0,0780	0,8351	0,9131	
0705366		0,2200	3,0505	3,2705	

Abbildung 37: Stückkosten bei Fremdbezug für Teileklasse A

Die Berechnung der Stückkosten der Kategorie B+C erfolgt analog. Als Ergebnis der Rechnung wurden für die Teile der Kategorie A durchschnittliche Stückkosten in Höhe von 1,39 €/Stk. ermittelt. Die Stückkosten für Sägeabschnitte der Klasse B+C betragen bei Fremdbezug 3,06 €/Stk.

Beurteilung der Qualität und Logistik

Im Rahmen der Besichtigung der Lohnsägerei wurde auch die bisherige Abstimmung aufgenommen. Es wurden für die Halbfertigteile bis zu diesem Zeitpunkt mit der Lohnsägerei keine Bestellvorschriften festgelegt und Qualitätsvereinbarungen getroffen. Ebenso sind bisher keine Prozessanweisungen ausgearbeitet worden, wie eine Prüfung der Rohteile am Wareneingang des Zulieferers zu erfolgen hat. Auch ist kein Ablauf zur Prüfung der Halbfertigteile nach dem Sägevorgang vorhanden und abgestimmt. Festlegungen über die Vorgehensweise bei fehlerhaften Teilen am Wareneingang der Fa. JEMA sind nicht getroffen worden. Beim auftreten fehlerhafter Teile ist nicht klar geregelt, wer die entsprechende Charge zu prüfen hat und bis wann dies geschehen muss.

4.6.3. Ergebnis des Stückkostenvergleiches

Die errechneten durchschnittlichen Stückkosten werden nun nach Teilekategorien gegenübergestellt. Für die Teilekategorie A ist die Entwicklung der Stückkosten graphisch in Abbildung 38 dargestellt. Bei der prognostizierten Verbrauchsmenge von 992.724 Sägeabschnitten für diese

Klasse, betragen die Ø Stückkosten bei Eigenfertigung 1,3032 €/Stk. Die Kosten für Fremdbezug der Teile betragen 1,3854 €/Stk. Bezogen auf die Gesamtstückzahl entspricht dies Kosteneinsparungen von 81.659,76 €/Jahr bei Eigenfertigung der Halbfertigteile.

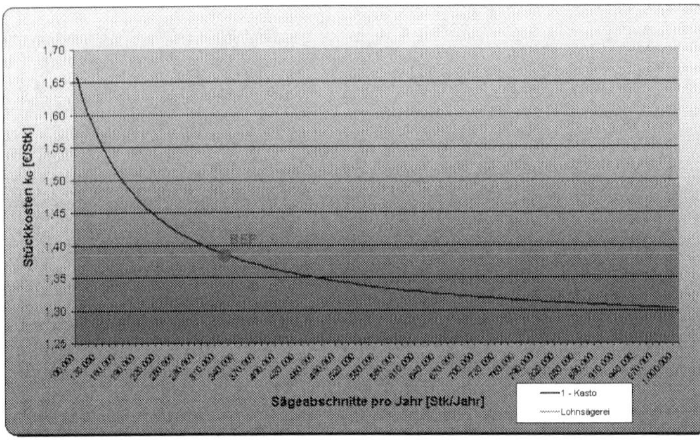

Abbildung 38: Bereitstellungsalternativen der Teilekategorie A

Werden die beiden Kostenfunktionen der Bereitstellungsalternativen gleichgesetzt, lässt sich auch hier ein Break-Even-Point bzw. die kritische Menge ableiten (vgl. Formel 5). Bis zu einer Ausbringungsmenge von 323.107 Stück pro Jahr (BEP) ist Fremdbezug die optimale Bereitstellungsalternative. Da der Jahresbedarf in 2008 über dieser Stückzahl liegt, ist eine Vorteilhaftigkeit für Eigenfertigung abzuleiten.

In Anlehnung an die Verbrauchsprognose für die Halbfertigteile der Kategorie B+C ergibt sich der in Abbildung 39 graphisch dargestellte Stückkostenverlauf. Bei einer Verbrauchsprognose von 135.648 Stück/Jahr ergeben sich bei Eigenfertigung Ø Stückkosten von 2,5277 €/Stk. Die Kosten bei Fremdbezug betragen für diese Teile 3,0552 €/Stk. Bis zu einem Jahresbedarf an Halbfertigteilen von 12.317 Stück pro Jahr (BEP) ist Fremdbezug die kostenoptimale Bereitstellungsalternative. Da die Prognose des Jahresverbrauches über dieser kritischen Menge liegt, ist die Eigenfertigung der Teile der Kategorie B+C vorteilhaft. Im Rahmen einer „Make"-Strategie sind Einsparungen von 71.549 €/Jahr realisierbar.

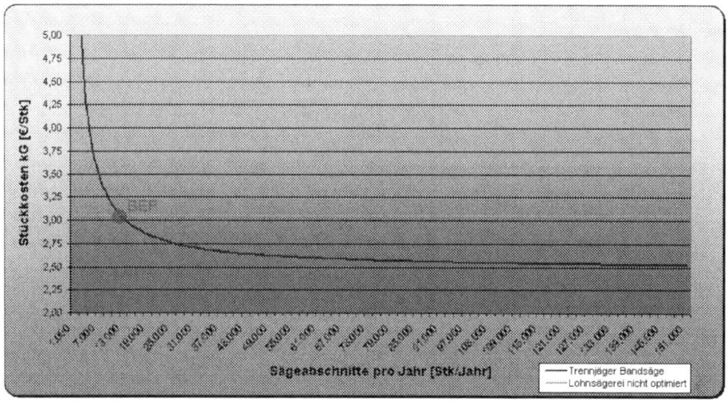

Abbildung 39: Bereitstellungsalternativen der Teilekategorie B+C

Optimierungspotential bei Fremdbezug

Der Verfasser möchte nun die ermittelten Stückkosten hinsichtlich Optimierungsmöglichkeiten bei Fremdbezug untersuchen. Wie bereits erwähnt, wurde eine Besichtigung der Lohnsägerei durchgeführt und die Sägetechnologie eingehend betrachtet. Es hat sich gezeigt, dass die Kreissägemaschine vom Typ her identisch mit der Investitionsalternative 1 ist. Durch ein breiteres Sägeblatt und eine höheren Verschnitt hinsichtlich Anschnitt und Reststück, kommt es zu einem höheren Materialverbrauch der Lohnsägerei. Dies zeigt sich, wenn der Ø Materialverschnitt der beiden Bezugformen für die Teilekategorie A betrachtet wird (vgl. Abbildung 40).

		Ø Verschnitt [%]	
		Eigenfertigung	Fremdbezug
Material	0702799 0703309 0702800 0708943 0705366	6,14%	12,28%

Abbildung 40: Vergleich Materialverschnitt für Kategorie A

Die ermittelten Savings von 81.659,76 €/Jahr werden für diese Untersuchung in Abbildung 41 aufgeschlüsselt. Es ist erkennbar, dass die Materialkosten dabei mit ca. 79% einen großen Teil der Kostendifferenz darstellen. Die Einsparungen bei den reinen Schnittkosten betragen dagegen nur ca. 21%. Somit ergibt sich für die Materialkosten ein großes

Optimierungspotential. Der Autor hat in einem nächsten Schritt die Verschnittwerte der Lohnsägerei angepasst. Die im Rahmen des Sägetests

		Eigenfertigung	Fremdbezug
∑ Materialkosten	[€/Jahr]	1.226.136,48	1.290.826,20
Savings		64.689,72	-
∑ Schnittkosten		67.542,46	84.512,49
Savings		16.970,04	-

	∑ Savings	[€/Jahr]	81.659,76
davon	Materialkosten	[%]	79,22%
	Schnittkosten		20,78%

Abbildung 41: Verteilung der Savings für Kategorie A

ermittelten Verschnittgrößen wurden für die Lohnsägerei übernommen.

Es wurde gezeigt, dass die Kreissägeanlage durch eine Anschnitt- und Reststückoptimierung sowie ein PKD-Sägeblatt einen Ø Verschnittwert von 6,14% erreichen kann. Somit kann der Materialkostenanteil der Stückkosten signifikant gesenkt werden (vgl. Abbildung 42).

Es kann durch diese Anpassung eine Reduzierung der Ø Stückkosten von 1,3854 €/Stk. auf 1.3203 €/Stk. erreicht werden. Die ermittelte, kritische Bedarfsmenge von 323.107 Sägeabschnitten pro Jahr (BEP 1) verschiebt sich dadurch auf 692.803 Stk./Jahr (BEP 2).

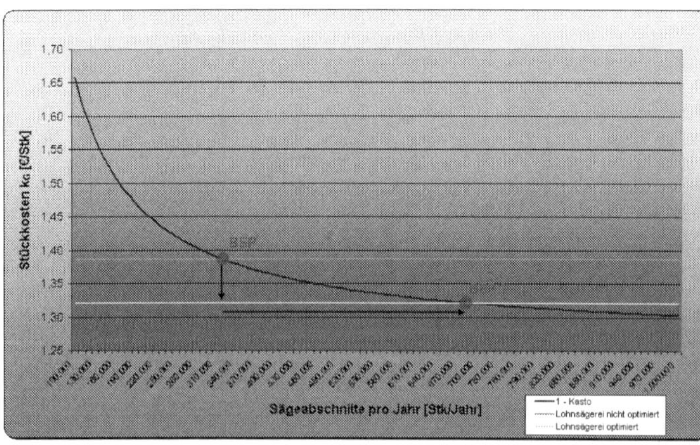

Abbildung 42: Optimierung der Stückkosten bei Fremdbezug für Kategorie A

Daraus ergeben sich bei einer Stückzahl von 992.724 Stk./Jahr für 2008 noch mögliche Savings von ca. 16.970 €/Jahr. Dies zeigt, dass durch diese Optimierungen ein Break-Even-Point erst wesentlich später erreicht werden kann. Die Differenz der Stückkosten ist nun lediglich auf die unterschiedlichen Schnitt- bzw. Sägekosten pro Stück zurückzuführen. Unter Berücksichtigung des Störpegels von 15% auf die Verbrauchsmenge können Kostenvorteile erreicht werden. Sie betragen zwischen 8.511 € und 25.428 € pro Jahr (bei -15% bzw. +15%). Wird für das Jahr 2013 (AfA-Jahr 6) von einem Jahresbedarf von 1.586.333 Stück ausgegangen, sind Kostenvorteile von 50.688 €/Jahr realisierbar.

Werden die möglichen Einsparungen für die Teilekategorie B+C aufgeschlüsselt, ergibt sich eine andere Verteilung wie bei Kategorie A. Der Abbildung 43 ist zu entnehmen, dass die Materialkosten einen Anteil von ca. 55% an den Savings einnehmen. Ein großer Teil des Kostenvorteils wird durch die geringeren Schnittkosten bei Eigenfertigung erreicht.

			Eigenfertigung	Fremdbezug
	∑ Materialkosten	[€/Jahr]	326.144,96	365.097,91
	Savings	[€/Jahr]	38.952,95	-
	∑ Schnittkosten	[€/Jahr]	16.731,81	49.328,02
	Savings	[€/Jahr]	32.596,21	-

	∑ Savings	[€/Jahr]	71.549,16
davon	Materialkosten	[%]	54,44%
	Schnittkosten	[%]	45,56%

Abbildung 43: Verteilung der Savings für Kategorie B+C

Werden auch für diese Betrachtung die Verschnittgrößen entsprechend optimiert, ergibt sich die in Abbildung 44 dargestellte Reduzierung der Stückkosten.

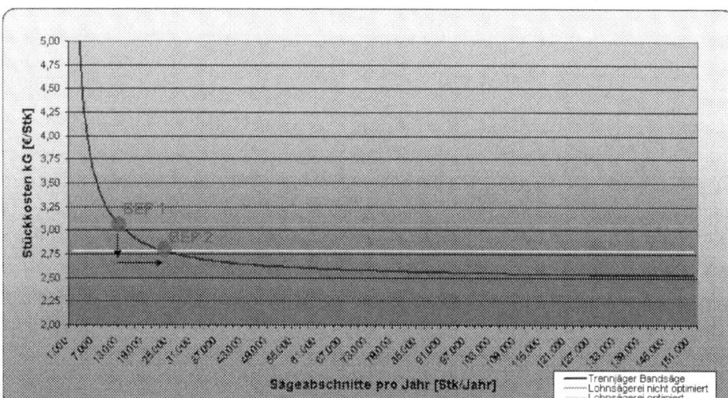

Abbildung 44: Optimierung der Stückkosten bei Fremdbezug für Kategorie B+C

Durch die optimierten Verschnittwerte der Lohnsägerei ist eine Reduzierung der Ø Stückkosten von 3,0552 €/Stk. auf 2,7813 €/Stk. erreichbar. Die kritische Ausbringungsmenge zwischen Make-or-Buy erhöht sich damit von 12.317 (BEP 1) auf 23.313 Stk./Jahr (BEP 2). Wird die erwartete Jahresstückzahl in Verhältnis gesetzt, so fällt der erzielbare Effekt im Vergleich zu Kategorie A jedoch moderat aus. Bei einem Jahresverbrauch von 135.648 Sägeteilen sind bei Eigenfertigung dadurch Savings in Höhe von ca. 34.402 €/Jahr realisierbar.
Unter Berücksichtigung des Störpegels von 15% ergeben sich Kostenvorteile von ca. 28.682 € bis ca. 40.121 € pro Jahr (bei -15% bzw. +15%). Die ermittelten Einsparungen lassen sich zu einem großen Teil auf die geringe Begleitzeit der Bandsäge zurückführen. Der Mitarbeiter ist nur zu einem sehr geringen Zeitanteil des Fertigungsloses mit Bedienung und Abnahme beschäftigt.

4.6.4. Entwicklung der Stückkosten bei Roboteranbindung

Für die kostenoptimale Investitionsalternative soll hier eine Roboteranbindung als optionale Peripherie in die Kostenbetrachtung aufgenommen werden. Die kostenrechnerische Methode (siehe Punkt 4.6.) und die einzelnen Kostenbausteine werden erweitert. Durch die zusätzlichen Anschaffungskosten von 95.030 € für das Roboter-Abgriffsystem ergeben sich höhere Abschreibungen. Es werden weitere kalk. Zinsen berücksichtigt und alle maschinenabhängigen Kostenkomponenten (Raum-, Energie- und Betriebskosten) angepasst. Ein wesentlicher Effekt wird durch die Senkung der Maschinenbegleitzeit erreicht. Die Senkung der Auftragsbegleitzeit von 100 % auf 5 % hat einen großen Effekt auf die auftragsbezogenen Lohnkosten. In der Abbildung 45 werden die Ø Stückkosten der Investitionsalternative 1 mit einer optionalen Teileabfuhr dargestellt.

		ohne Roboter-anbindung	mit Roboter-anbindung
Sägeabschnitte pro Jahr	[Stk./Jahr]	992.724	
Ø Stückkosten	[€/Stk.]	1,3032	1,3117

Abbildung 45: Stückkosten bei Roboteranbindung

Es wird gezeigt, dass bei einer Fertigungsmenge von 992.724 Stk. für 2008, ein manueller Teileabgriff kostengünstiger ist. Die Entwicklung der Stückkosten wird mit Abbildung 46 gezeigt. Werden die Stückkostenfunktionen der beiden Optionen gleichgesetzt, ergibt sich eine kritische Ausbringungsmenge von 1.489.910 Sägeteilen pro Jahr (BEP). Liegt die Jahresstückzahl darüber, ist die Teileabfuhr durch automatischen Abgriff als vorteilhafter zu bewerten. Somit kann gezeigt werden, dass sich durch eine Roboteranbindung nur ab einer hohen Stückzahl Kostenvorteile erzielen lassen.

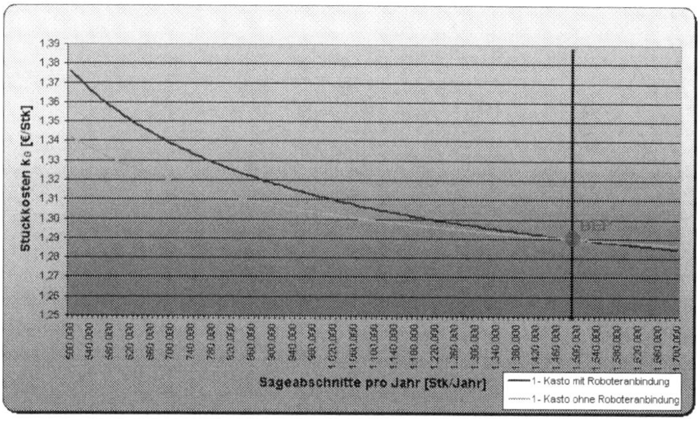

Abbildung 46: Vergleich der Stückkosten bei Anbindung eines Robotersystems

Ein automatischer Abgriff wäre auch bei geringerer Stückzahl vorteilhaft, wenn sich durch Verkettungsmöglichkeiten Synergieeffekte ergeben würden. Eine Anbindung an nachfolgende Bearbeitungsstationen im Bereich der mechanischen Fertigung ist jedoch auf absehbare Zeit nicht sinnvoll umsetzbar. Für die betrachtete Problemstellung findet diese Option daher keine weitere Berücksichtigung.

4.6.5. Ableitung der quantitativen Make-or-Buy-Überlegenheit

Aus dem Vergleich der Bereitstellungsalternativen wird nun für die Stückkosten eine Überlegenheit für Eigenfertigung oder Fremdbezug ermittelt. Die Überlegenheit wird auch in diesem Fall getrennt nach Materialkategorie ermittelt. In Abbildung 47 zeigt sich die quantitative Überlegenheit einer Make-Strategie mit 6,3 % bzw. 20,8%. Der Betrachtung liegen hier die Ø Stückkosten ohne die angeführten

Optimierungen bei Fremdbezug zugrunde. Die Darstellung zeigt eine stärkere Ausprägung der Eigenfertigung bei Rohteilen der Kategorie B+C.

Quantitative Überlegenheit / Stückkostenvergleich					
Make-or-Buy-Objekte	Ø Stückkosten		absolute Überlegenheit	relative Überlegenheit	Folgerung
	Make	Buy			
A - Teile	1,3032	1,3854	0,08	6,31%	Make
B + C - Teile	2,5283	3,0552	0,53	20,84%	Make

Abbildung 47: Quantitative Überlegenheit

Teile der Klasse A weisen hier nur eine geringe Überlegenheit der Make-Ausrichtung auf. Das hier gewonnene Ergebnis wird nun in die abschließende Betrachtung überführt.

4.7. Interpretation der Ergebnisse

Qualitativ kann für alle Teileklassen eine Überlegenheit der Buy-Strategie festgestellt werden (vgl. Abbildung 48). Eine kostenrechnerische Betrachtung der Bereitstellungsalternativen hat eine Überlegenheit der Make-Strategie ergeben.

Qualitative und quantitative Überlegenheit			
Make-or-Buy-Objekte	Summen Punktwerte		Folgerungen
	qualitativ	quantitativ	
A - Teile	Buy	Make	Selektion
B + C - Teile	Buy	Make	Selektion

Abbildung 48: Qualitative und Quantitative Überlegenheiten

In diese quantitative Betrachtung müssen jedoch die einzelnen Kostengrößen differenziert betrachtet werden. Je nach Teilekategorie findet sich eine mehr oder weniger starke strategische Ausprägung für eine der Handlungsmöglichkeiten. Es lässt sich für keine der beiden Teilegruppen eine vollkommen eindeutige Handlungsstrategie ableiten. Die Folgerungen aus der Überlegenheitsmatrix ergeben somit eine Selektion der einzelnen Strategien. Im Rahmen der Handlungsempfehlungen werden diese nun ausgearbeitet.

5. Handlungsempfehlungen

Die Handlungsempfehlungen werden anhand der 9-Felder-Matrix vorgestellt (vgl. Abbildung 21). Entsprechend der Ergebnisse dieser Arbeit ergeben sich die einzelnen Handlungsstrategien in Anlehnung an die Teilekategorien. Es wurden, wie Abbildung 49 zu entnehmen ist, vier Strategien hinsichtlich der optimalen Bereitstellungsform der Halbfertigteile abgeleitet.

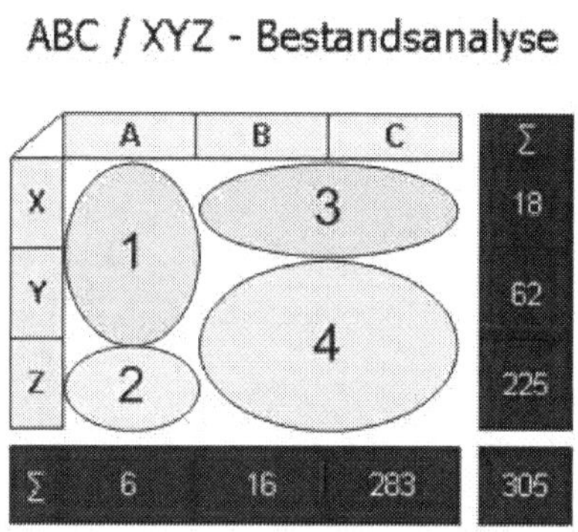

Abbildung 49: Handlungsstrategien anhand der Teilekategorien

Für Sägeabschnitte, welche aus Rohteilen der gesamten Klassifikation A gefertigt werden (Strategie 1 und 2), sollte unter weiteren Bedingungen auch zukünftig ein Fremdbezug angestrebt werden. Durch die Schnittversuche und den Stückkostenvergleich wurde gezeigt, dass eine signifikante Reduzierung der Materialkosten der Lohnsägerei erreicht werden kann. Die Ergebnisse müssen an die Lohnsägerei kommuniziert werden. Es ist eine Optimierung der Verschnittgrößen (von ca. 12% auf ca. 6% Verschnitt) anzustreben. Durch diese Maßnahmen kann die quantitative Überlegenheit der Eigenfertigung des Teilespektrums für die prognostizierte Ausbringungsmenge nahezu aufgehoben werden. Eine kritische Bedarfsmenge zugunsten Eigenfertigung kann dadurch erst bei einer Stückzahl von 693.000 Sägeteilen pro Jahr erreicht werden. Die Amortisation der Kreissägeanlage (Investitionsalternative 1) kann während der zugrunde gelegten Nutzungsdauer von 6 Jahren somit kaum erreicht werden. Obwohl das Verbrauchsvolumen der Kategorie A ca. 72% des Gesamtverbrauches an Stangenmaterial beträgt, ist der Sägeautomat nur mit ca. 14% seiner theoretisch verfügbaren Kapazität ausgelastet. Dies liegt in der kurzen Zykluszeit begründet. Es kann nicht empfohlen werden, Lohnsägearbeiten als Dienstleistung auf dem Markt anzubieten. Dieser Bereich sollte vom Umfang her nicht ausgebaut werden um eine stärkere Auslastung der Anlage zu erreichen. Der Arbeitsgang Sägen kann nicht als Kernfähigkeit der JEMA GmbH angesehen werden. Diese Leistung kann sich nicht positiv von anderen Anbietern abgrenzen und keinen qualitativen Vorteil erzielen.

Auch die geringe Komplexität der Make-or-Buy-Objekte sprechen für eine Strategie des Fremdbezugs dieser Teileklasse. Es besteht keine Gefahr, dass Fertigungskompetenz auf diesem Gebiet langfristig verloren gehen kann. Es kann von einem geringen Koordinationsaufwand mit dem Lieferanten ausgegangen werden, der sich nicht wesentlich vom internen Abstimmungsaufwand unterscheidet (vgl. Abbildung 16).

Nach der Analyse der qualitativen Einflussgrößen wird der Gesamtqualität der Sägeabschnitte eine überdurchschnittlich hohe Bedeutung beigemessen. Sie ist als kritische Einflussgröße anzusehen. Bei Fremdbezug der Halbfertigteile sind genaue Qualitätsspezifizierungen seitens der JEMA GmbH zu treffen. Der Lieferant hat bei Fremdbezug die Qualitätssicherungsfunktion zu übernehmen. Dies beinhaltet nicht nur die Qualität der Schnittoberfläche. Wie bei der Besichtigung der Lohnsägerei festgestellt, werden Qualitätsansprüche bisher nicht ausreichend dokumentiert. Die Rohteile müssen auf Oberflächenfehler stichprobenartig geprüft werden. Es sind Festlegungen über Art, Umfang und Ort der Prüfung der fertigen Sägeabschnitte zu treffen. Die Sägeabschnitte selbst haben entscheidenden Einfluss auf nachfolgende Fertigungsschritte und damit auf das Endprodukt.

Als weitere kritische Einflussgröße und Make-Treiber, wurde die Flexibilität und die Reaktionszeit des Lieferanten identifiziert. Durch die Reduzierung der Teilevielfalt der Kategorie A durch Variantenbildung der Abschnittlängen, konnte bereits ein positiver Effekt erzielt werden. Dieser ist nach Ansicht des Verfassers jedoch nur in Kategorie A erreichbar und sollte nicht auf Klasse B+C übertragen werden. Für Strategie 1 (vgl. Abbildung 49) ist ein Belieferungskonzept nach Kanban vorteilhaft. Der kritischen Einflussgröße der Flexibilität kann dadurch gut begegnet werden. Es sollte jedoch eine bessere Abstimmung der Fertigungslosgrößen mit den Kanban-Losgrößen erfolgen, um einen Leerlauf der Kanban zu vermeiden. Für Rohteile der Kategorie 2 ist ein Bestandsmanagement nach

Kanban nicht sinnvoll umsetzbar. Der sporadische Verbrauchsverlauf dieser Teile ruft zu viele Störungen des Systems hervor. Grund dafür liegt in der Ermittlung der Kanban-Losgrößen. Sie basieren auf durchschnittlichen Verbrauchswerten und verdecken teils große Abweichungen. Durch die schlechte Vorhersagegenauigkeit des Artikelbedarfes sollte daher eine manuelle Disposition erfolgen.

Für alle Halbfertigteile die der Rohteilklassifikation B+C zugeordnet werden, ist eine Eigenfertigung zu empfehlen (Strategie 3 und 4). Auch bei einer Optimierung der Verschnittgrößen der Lohnsägerei liegen die durchschnittlichen Stückkosten deutlich über denen einer Eigenfertigung. Dies ist mit den höheren Schnittkosten der Lohnsägerei für diese Teileklassen zu begründen. Als bedeutsam hat sich hier der geringe Begleitzeitanteil des Bandsägeautomaten herausgestellt. Es wird empfohlen, die bestehende Teileabfuhr zu optimieren. Die Abfuhrbahn der Maschine sollte so ausgelegt werden (z.B. seitliche Abfuhrrollenbahn), dass ein Betrieb mit minimalen Zugriffen des Bedieners möglich ist.

Die kritische Ausbringungsmenge für Fremdfertigung kann entlang der Stückkostenkurve auf maximal 23.313 Sägeteile pro Jahr verschoben werden (vgl. Abbildung 44). Betrachtet wurden 15 Stangenprofile mit einem Verbrauchsvolumen von 135.648 Stk./Jahr. Dies entspricht einem Anteil am Gesamtverbrauch der Teilekategorie B+C von 36,4%. Aus dem Sägetest geht hervor, dass der Bandsägeautomat mit dieser Stückzahl zu 45% ausgelastet war. Wird der Gesamtverbrauch der beiden Klassen zugrunde gelegt, ergibt sich eine theoretische Auslastung des Bandsägeautomaten von 122%. Aufgrund der ermittelten Kostenvorteile für diese Bereitstellungsalternative, wird eine Erweiterungsinvestition in einen Sägeautomaten identischen Technologietyps empfohlen. Ausgehend vom Wiederbeschaffungswert der Anlage von 16.497 € in 2008, ist durch die erzielbaren Kostenvorteile eine Amortisationszeit der Investition von einem Jahr erreichbar. Die Halbfertigteile der Strategie 3 weisen eine geringe Verbrauchsschwankung auf. Für Teile dieser Kategorien ist ein Bestandsmanagement nach dem Kanban-Konzept intern sinnvoll umsetzbar. Strategie 4 umfasst Sägeabschnitte mit einem mittleren bis geringen Verbrauchsvolumen. Durch den sporadischen Bedarfsverlauf bietet sich für diese Teile eine bedarfsorientierte Fertigungssteuerung in der Abteilung Sägerei an.

6. Zusammenfassung und kritische Würdigung

Die Betrachtung der Problemstellung von Eigenfertigung und Fremdbezug erfolgte im Rahmen dieser Arbeit durch Verknüpfung einer qualitativen und quantitativen Methodik. Ein sinnvolles Zusammenspiel verschiedener Lösungsansätze vermindert das Risiko einer Fehlentscheidung. Eine Entscheidungsfindung durch Rechnung wäre der Problemstellung in diesem Fall nicht gerecht geworden. Das Make-or-Buy-Objekt hat sich als ein Produktspektrum herausgestellt, für welches mehrere Handlungsstrategien abgeleitet werden konnten. Durch eine detaillierte Gegenüberstellung der Investitions- und Bereitstellungsalternativen, wurde Optimierungspotenzial aufgezeigt. Dadurch konnte auch eine Handlungsempfehlung innerhalb der Kooperationsstrategie mit der Lohnsägerei formuliert werden.

Die Unsicherheit, welche mit statischen Investitionsrechenverfahren verbunden ist, kann nicht ausgeblendet werden. Es kann nur versucht werden, dieser durch eine optimale Datenbasis und einen sinnvollen Detaillierungsgrad zu begegnen. Durch die Prognose des Materialverbrauches und Ermittlung kritischer Ausbringungsmengen, konnte die Vorteilhaftigkeit einer Strategie weiter begründet werden.

Die Bedeutsamkeit bei der Wahl der richtigen methodischen Vorgehensweise wird in der Literatur besonders hervorgehoben. Meist beschränkt sich dies jedoch entweder auf eine Entscheidungsfindung durch eine Kostenbetrachtung oder durch Analyse qualitativer Einflussgrößen. Die vom Verfasser gewählte Vorgehensweise soll zeigen, wie sinnvoll die Kombination beider Methoden in der Praxis umsetzbar ist. Wird jede Methode einzeln betrachtet, ergeben sich jedoch oft Grenzen der Vorteilhaftigkeit.

V. Quellen- und Literaturverzeichnis

Selbstständige Schriften

(1) Arnolds H./ Heege F./ Tussing W.; "Materialwirtschaft und Einkauf"; 8., überarb. Aufl.; Wiesbaden: Gabler; 1993

(2) Blohm H./ Lüder K.; „Investition"; 8., aktualisierte u. erg. Aufl.; München: Vahlen; 1995

(3) Hosenfeld W.-A./ Baumgarten H. (Hrsg.)/ Gösta B. I. (Hrsg.); „Gestaltung der Wertschöpfungs-, Innovations- und Logistiktiefe von Zulieferant und Abnehmer"; Bd. 32; München: Huss-Verl.; 1993

(4) Jahn H. C./ Riemensperger F./ Scholtissek S. (Hrsg.); „Sourcing"; Frankfurt am Main: F.A.Z.-Institut für Management-, Markt- und Medieninformationen; 2004

(5) Jost P.-J. (Hrsg.); „Der Transaktionskostenansatz in der Betriebswirtschaftslehre"; Stuttgart: Schäffer-Poeschel; 2001

(6) Kruschwitz L.; „Investitionsrechnung"; 9., neu bearb. Aufl.; München; Wien: Oldenbourg; 2003

(7) Melzer-Ridinger R.; „Supply Chain Management"; München; Wien: Oldenbourg; 2007

(8) Männel W. (Hrsg.); „Entscheidungen zwischen Eigenfertigung und Fremdbezug in der Praxis"; Frankfurt; Herne/Berlin: Verl. Neue Wirtschafts-Briefe; 1973

(9) Männel W.; „Die Wahl zwischen Eigenfertigung und Fremdbezug"; 2., durchges. U. erw. Aufl.; Stuttgart; 1981

(10) Schneider D./ Baur C./ Hopfmann L.; „Re-Design der Wertkette durch make or buy"; Wiesbaden: Gabler; 1994

(11) Stölzle W./ Heusler K. F./ Karrer M.; „Erfolgsfaktor Bestandsmanagement"; Zürich: Versus; 2004

(12) Thomsen E.-H./ Lück W. (Hrsg.); „Management von Kernkompetenzen"; Bd. 2; Sternenfels: Verl. Wiss. und Praxis; 2001

(13) Wagner R./ Müller W. A. (Hrsg.); „Die Grenzen der Unternehmung"; Heidelberg: Physica-Verl.; 1994

(14) Welker C. B.; „Produktionstiefe und vertikale Integration"; Wiesbaden: DUV, Dt. Univ.-Verl.; 1993

(15) Wildemann H.; „Fertigungsstrategien"; 2., neu bearb. Aufl.; München: Transfer-Centrum; 1994

(16) Wolfstetter G.; „Moderne Verfahren der Kostenrechnung“; 3., neu bearb. und erw. Aufl.; Pfaffenweiler: Centaurus-Verl.-Ges.; 1991

Zeitschriftenartikel / Beiträge

(1) Prahalad C./ Hamel G.; „The Core Competence of the Corporation“; Harvard Business Review, Vol. 68, No. 3; 1990

Erschienen in:

Hahn D. (Hrsg.)/ Bernard T. (Hrsg.); „Strategische Unternehmungsplanung – Strategische Unternehmungsführung“; 9., überarb. Aufl.; Berlin; Heidelberg: Springer; 2006 (Nachdruck)

(2) M. Porter: Competitive Strategy. Techniques for Analyzing Industries and Competitors. The Free Press; New York / London; 1980

Veröffentlichungen im Internet / Sonstige Quellen

(1) Bundesministerium für Finanzen: „AfA-Tabelle / Wirtschaftszweig Maschinenbau“; Fundstelle 1.5.1; www.Bundesfinanzministerium.de

VI. Anlagen

Anlagenverzeichnis

Anlage 1: Sägeabschnitt / Halbfertigteil

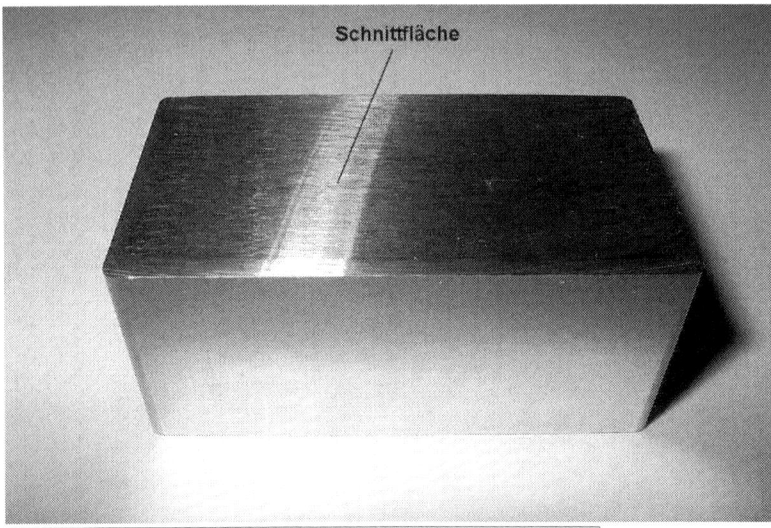

Halbfertigteil (Aluminium)

Abmessungen: 55 x 30 x 23,5 mm (L x B x H)
Anlage-Typ: Cut 1 (Investitionsalternative 1)
Sägeblatt: PKD
Zykluszeit: 2,1 s

Anlage 2: Make-or-Buy-Bewertungsbogen

Make-or-Buy-Bewertung

Wichtung der Präferenzgröße im Bezug zur Wertaktivität

Manuel Jentsch

	0	0,5	1
Qualität			
Kosten / Preis			
Innovativität			
Logistikleistung			

Priorität / Fokus: 0 = gering; 0,5 = erhöht; 1 = sehr hoch

trifft voll zu — trifft überhaupt nicht zu: 10 | 9 | 8 | 7 | 6 | 5 | 4 | 3 | 2 | 1

Phase	Kriterium	Präferenzgröße	Grunddimension
Anbahnung / Beschaffung	Fremdbezug der Wertaktivität wäre technisch / organisatorisch schwer möglich bzw. umsetzbar	L	sR
	Für die Wertaktivität gibt es keine / wenige externe Lieferanten	K	sR
	Aufwendige Branchenanalyse notwendig / hohe Informationskosten	K	t
	Umfangreicher und aufwendiger Lieferantenvergleich nötig	K	t
Vereinbarung	Das erforderliche Know-How ist schutzbedürftig	P	sR
	Hoher Kostenfaktor für Verhandlung und Vertragsabschluss	K	t
	Umfassende bzw. kostenintensive Qualitätsspezifizierung der Wertaktivität nötig	K	t
	Hoher Kostenfaktor für Rechtssicherheit und /-beratung	K	t
	Hoher Kostenfaktor für Vereinbarung von Verfahren und Klauseln	K	t
Kontrolle	Hohe Bedeutsamkeit der Gesamtqualität der Wertaktivität	Q	sR
	Es ist eine umfangreiche und komplexe Qualitätsüberwachung notwendig	Q	t
	Hohe Kontrollkosten für Verträge	K	t
	Hohe Kosten für Überwachung der Geheimhaltungsvereinbarung	K	t
Anpassung / Abstimmung	Hoher Koordinations- und Abstimmaufwand aller Beteiligten	K	t
	Wertaktivität unterliegt einer stark schwankenden Nachfrage	K	sR
	Wertaktivität hat eine hohe Innovativität	P	sR
	Hohe Kosten für Vertragsveränderungen	K	t
	Hohe Schutzgebühren notwendig	K	t
	Hohe zu erwartende Kosten bei Lieferantenwechsel	K	t
Umsetzung / Leistungserstellung	Hohe Sachkenntnis der Mitarbeiter erforderlich	K	sR
	Arbeitsgänge sind sehr komplex / anspruchsvoll	Q	sR
	Es sind spezifische Instrumente / Werkzeuge / Maschinen notwendig	K	sR
	Es muss mit höheren Durchlauf- bzw. Lieferzeiten bei externem Bezug gerechnet werden	L	sR
	Ein externer Bezug der Wertaktivität wäre mit sinkender Flexibilität und steigenden Reaktionszeiten verbunden	L	sR
	Hohe Änderungsintensität (der Fertigungsprozesse) gegeben	P	sR
	Hohe Variantenvielfalt der Wertaktivität	K	sR
	Spezifisches Prozess-Know-How erforderlich	Q	sR
	Wertaktivität ist technologisch zwingend am Verbauort zu erbringen	L	sR
	Hoher Einarbeitungsaufwand des Lieferanten bei Übernahme der Wertaktivität	K	t
	Wir haben größere Erfahrung als potentielle Lieferanten	Q	sR
	Nötige Instrumente / Werkzeuge sind bei anderen Firmen nicht verfügbar	K	sR
	Nötiges Know-How ist bei anderen Firmen nicht verfügbar	Q	sR
	Es sind keine nennenswerten positiven Synergien / Erfahrungskurveneffekte bei externem Bezug erzielbar	K	sR
	Wertaktivität ist von besonderer Bedeutung für unser Unternehmen / strategisch bedeutsam	P	sR
	Wertaktivität ist wachstumsträchtig vom Profit	K	sR
	Wertaktivität hebt uns qualitativ positiv von unseren Mitbewerbern ab	Q	sR
	Wertaktivität wäre nur schwer von anderen Unternehmen adaptierbar	Q	sR
	Zulieferer könnte sich bei nachfolgenden Prozessen / Wertaktivitäten zu einem Konkurrenten entwickeln	P	sR
	Wertaktivität wird von uns kostengünstiger erbracht	K	sR
	Wertaktivität hat ein konstant hohes Verbrauchsvolumen im Unternehmen / bzw. wird oft gebraucht	K	sR
	Hohes Know-How-Verlustrisiko	Q	sR

Grunddimension:
sR - strategische Relevanz
t - transaktionskostentheoretische Auslagerbarriere

Präferenzgröße:
Q - Qualität
K - Kosten
P - Innovativität
L - Logistikleistung

Anlage 3: Make-or-Buy-Rechenmodell

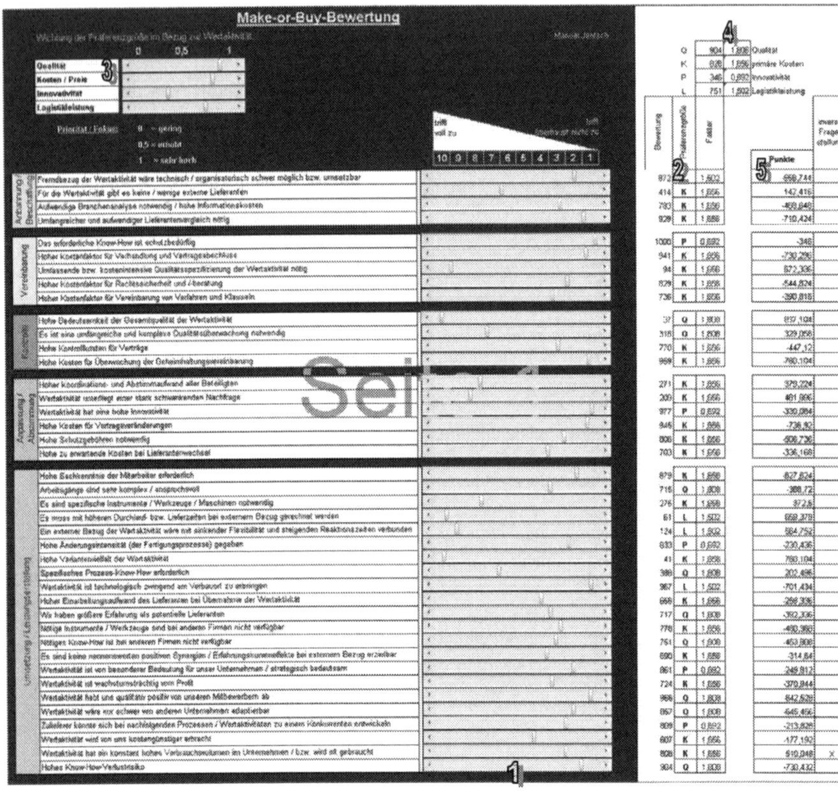

Anlage 4: Schnittflächen der Rohteile

Vol Nr	Lager-bereich	ABC	XYZ	Material-Ident-nr.	Material	EN-Werkstoff-bezeichnung	Abmessungen [mm] (H)	Abmessungen [mm] (B)	Schnittfläche [cm2]	Ø Lagerabgang / Monat [m]
1	015	A	X	0702799000000000	Aluminiumlegierung	EN AW-2007-T3,T4	41	25	1.025	2170,65
2	KML	A	Y	0703309000000000	Aluminiumlegierung	EN AW-2007-T3,T4	30	30	900	1758,13
3	KML	A	X	0702800000000000	Aluminiumlegierung	EN AW-2007-T3,T4	55	30	1.650	1667,74
4	015	A	X	0708943000000000	Aluminiumlegierung	EN AW-2007-T3,T4	35	22	770	1242,85
5	015	A	Z	91.36700	Aluminiumlegierung	EN AW-6012-T6	50	37	1.850	787,61
6	015	A	X	0705366000000000	Aluminiumlegierung	EN AW-2007-T3,T4	65	35	2.275	319,77
7	015	B	Y	0708944000000000	Aluminiumlegierung	EN AW-2007-T3,T4	55	34	1.870	299,19
8	KML	B	Z	0709192000000000	Aluminiumlegierung	EN AW-6012-T6	85	44	3.740	234,03
9	621	B	X	0708396000000000	Aluminiumlegierung	EN AW-2007-T3,T4	40	25	1.000	184,54
10	015	B	Y	0708988000000000	Aluminiumlegierung	EN AW-6012-T6	45	27	1.215	133,11
11	015	B	Z	91.36719	Aluminiumlegierung	AA6023	50	37	1.850	130,61
12	015	B	Y	0707612000000000	Aluminiumlegierung	EN AW-6012-T6	55	30	1.650	124,55
13	015	B	-	0709164000000000	Aluminiumlegierung	EN AW-6082-T6	50	50	2.500	119,80
14	015	B	X	0704258000000000	Kupferlegierungen	CW614N	55	30	1.650	117,33
15	015	B	Y	0704331000000000	Aluminiumlegierung	EN AW-2007-T3,T4	40	40	1.600	108,95
16	015	B	Z	91.38196	Aluminiumlegierung	EN AW-6012-T6	42	33	1.386	105,92
17	621	B	X	0709030000000000	Aluminiumlegierung	EN AW-6060-T6	40	36	1.440	104,96
18	015	B	Z	91.38199	Aluminiumlegierung	EN AW-6012-T6	68	46	3.128	69,09
19	015	B	Z	91.36710	Aluminiumlegierung	EN AW-6018	44,9	65,8	2.954	63,57
20	015	B	X	0100342000000000	Aluminiumlegierung	EN AW-6060-T6	104	34	3.536	58,88
21	015	B	Y	0100329000000000	Aluminiumlegierung	EN AW-6060-T6	98	32,4	3.175	58,59
22	015	B	X	0705007000000000	Aluminiumlegierung	EN AW-6060-T6	23	23	529	58,31

- Sortierung nach Verbrauchsvolumen bzw. Lagerabgang
- A + B Material mit kumuliertem Verbrauch von ca. 90% des Gesamtvolumens

Anlage 5: Brutto – Sägelängen der Halbfertigteile / Kreissäge

Berechnung Brutto-Sägelängen

		Einheit	Investitionsalternative 1	Investitionsalternative 2	Investitionsalternative 3
min. Anschnitt		[mm]	10	20	15
min. Reststück		[mm]	50	80	70
Sägeblattbreite		[mm]	2,2	2,6	2,6
Materialzugabe		[mm]	2	2	2
Stangenlänge		[mm]	3000		
gewichtete Sägelänge		[mm]			
Material	0702799		77,21		
Material	0703309		76,50		
Material	0702800		79,15		
Material	0708943		67,14		
Material	0705366		98,42		
Gutteile		[Stk.]			
Material	0702799		36	36	36
Material	0703309		37	36	36
Material	0702800		36	35	35
Material	0708943		42	41	41
Material	0705366		29	28	28
Brutto Sägelänge		[mm]			
Material	0702799		83,33	83,33	83,33
Material	0703309		81,08	83,33	83,33
Material	0702800		83,33	85,71	85,71
Material	0708943		71,43	73,17	73,17
Material	0705366		103,45	107,14	107,14
Verschnitt Gesamt		[%]			
Material	0702799		7,93	7,93	7,93
Material	0703309		5,99	8,93	8,93
Material	0702800		5,28	8,29	8,29
Material	0708943		6,38	8,98	8,98
Material	0705366		5,11	8,86	8,86
Ø Verschnitt		[%]	6,14	8,60	8,60

Anlage 6: Lohnkosten

Lohnkosten

	Einheit	Investitionsalternative 1	Investitionsalternative 2	Investitionsalternative 3
Maschinenstunden + Rüstzeit pro Jahr	[h/Jahr]	554,61	1.249,27	1.908,28
Maschinenbedien- & Abnahmezeit	[%]	100%	63%	44%
Logistik / Handling - Zuschlag	[%]	10%	10%	10%
Sollstunden Facharbeiter	[h/Jahr]	388	874	1.336
Gesamtzeit Facharbeiter	[h/Jahr]	427	638	721
Stundensatz Facharbeiter	[€/h]		39,24	
Sollstunden Leiharbeiter	[h/Jahr]	166	375	572
Gesamtzeit Leiharbeiter	[h/Jahr]	183	274	309
Stundensatz Leiharbeiter	[€/h]		17,54	
Fremdkosten	[€/Jahr]	0,00	15.126,81	34.971,83
Variable Lohnkosten (Einzelkostenlöhne)	[€/Jahr]	19.965,04	29.844,80	33.722,84

Verteilung Arbeitszeit / Einsatzzeit:		
	2 Facharbeiter	70%
	1 Leiharbeiter	30%
		100%

Printed in Germany
by Amazon Distribution
GmbH, Leipzig

26003908R00066